Die 50 schönsten Kreuzfahrten der Welt

Inhalt

Inhalt

Schiffsträume, Traumschiffe 110

Inselhüpfen für Radfahrer, Golf-Kreuzfahrt, Musikgenuss auf See,
cruisen und lernen

Im Kielwasser 136

Anhang

Inselhupfen deluxe: Als Passagier eines Kreuzfahrtschiffs erlebt man die schönsten Reiseziele der Welt aus einer neuen, faszinierenden Perspektive.

Natur und Abenteuer

01 Im Land der seufzenden Eisberge

Die Geheimnisse der Antarktis lassen sich nicht ergoogeln oder erraten.
An Bord des Expeditionsschiffs Fram bekommt man die Naturgewalt und
die ungeheuren Dimensionen des kalten Kontinents hautnah mit.

Text: Stefan Nink

Und dann ist da wieder dieses Geräusch, das sich anhört, als fahre jemand mit einem gewaltigen Messer über den Boden einer gigantischen Aludose, »krrschzzssht!« beginnt es irgendwo vorne und verschwindet dann über die Seite, »krrschzzssht!«. Das geht jetzt schon seit vielen Stunden so. Immer dann, wenn der Schiffsbug eine große Scholle zerschmettert und die einzelnen Eisbrocken anschließend am Rumpf entlangschreddern, immer dann hört man das bis hinauf aufs Aussichtsdeck und spürt es bis in die Knochen. Anfangs war das äußerst unheimlich, die Passagiere machten Witze, einer pfiff die Titelmelodie aus der Titanic, die anderen lachten übertrieben. Mittlerweile wundert man sich nur noch, dass es nicht noch viel häufiger rummst und kracht und »krrschzzssht!« macht: Da draußen sind Hunderte Eisberge und Eisschollen. Tausende. Zehntausende. Sie sind vorne, hinten, links und rechts. Sie sind überall.

Ein enger Canyon aus Eis

Der Kapitän war sich bis heute Morgen nicht sicher, ob er überhaupt hineinfahren sollte in die Meerenge des Lemaire-Kanals: Normalerweise gibt es hier kein Durchkommen. Der Schiffsführer aber hat da oben auf seiner Brücke wohl geahnt, dass das heute sein Glückstag sein könnte, eine jener raren Passagen, an denen einfach alles stimmt, kein Wind, keine Wolke, keine geschlossene Eisberg-Barriere, und dass er die Fram hier durchbugsieren würde bis hinaus aufs offene Meer auf der anderen Seite. Deshalb schieben wir uns seit ein paar Stunden mit permanenten »krrschzzssht!« durch einen immer enger werdenden Canyon aus Eis: Das erste Schiff in diesem

Erst durch das Kreuzfahrtschiff werden die wahren Dimensionen im Reich der Eisberge deutlich.

kurzen antarktischen Sommer, und so gut wie sicher auch das letzte. Vor uns her fährt ein feuerrotes Schlauchboot, das nach der besten Fahrtroute Ausschau hält. Sogar die Robben, die auf den Schollen vorbeitreiben, beobachten das Treiben erstaunt.

Orkane, Nebel und riesige Eisberge

Eine Reise in die Antarktis: Das ist auch im Zeitalter alles erfassender Satellitentechnik noch immer eine Fahrt ins Ungewisse. Man kann nämlich noch so viel zu wissen glauben über Buchten und Landeplätze am Rande des ewigen Eises, aber dann kommt man an, und alles ist anders. Vielleicht hat sich der Wind entschlossen, auf Orkanstärke aufzudrehen. Oder ein Eisberg von der Größe der Cheopspyramide blockiert die Zufahrt. Dicker Nebel, hoher Wellengang oder eine Herde zornig fauchender Seelöwen, die partout keine Schlauchboote anlanden lassen wollen – es gibt hier viele Faktoren, die einen fein ausgeklügelten Tagesplan ratzfatz zunichte machen. Und einen anderen ins Spiel bringen. Was die Passagiere zumindest an den ersten Tagen nicht stört: Hier ist nämlich alles derart spektakulär, dass man sich nicht wirklich dafür interessiert, ob man nun die Halfmoon Bay anläuft oder doch eher vor der Petermann-Insel ankert.

Die wendigen Zodiacs bahnen sich ihren Weg durchs Eis. Acht Personen haben in den Schlauchbooten Platz.

Wenn sich der antarktische Kontinent nach zwei Tagen Fahrt von Ushuaia aus allmählich herausschält aus dem Dunst am Horizont, erscheint er nicht wirklich existent. Eher wie ein Trugbild. Eine Schimäre. Eine Fantasie, in die man hineinfährt. Und wahrscheinlich gibt es keinen anderen Ort auf diesem Planeten, an dem man sich so schnell derart abgeschnitten fühlt wie hier, abgeschnitten vom Rest der Welt, abgeschnitten von dem, was man wusste und kannte, abgeschnitten von seinem, ja, doch: bisherigen Leben.

Wer die Antarktis besucht, fühlt sich schon bald wie ein Reisender am Ende der Zeit, driftend in einem Paralleluniversum der Unwirklichkeit, in dem Wind und Treibeis die Landschaft modellieren. Und sich die Dimensionen einen Teufel um die menschliche Wahrnehmung scheren.

Gebilde wie von Dalí gemeißelt

Die Eisberge zum Beispiel. Tauchen plötzlich vor den Bullaugen auf wie Gebilde, die aus einem surrealistischen Gemälde von Dalí gepurzelt sind und regelmäßig größer sind, als es einem Himmel und Horizont vorgaukeln. Manchmal sieht man das Scoutboot der Fram auf einen dieser Eisberge zufahren, der winzig in der

Heute Ruhetag

Im Gegensatz zu den geselligen, neugierigen Pinguinen wollen die Robben und Seelöwen lieber in Frieden gelassen werden, was sie gerne durch unmissverständliches Fauchen kundtun. Ehrensache, dass die zweibeinigen Besucher respektvoll Abstand halten und die Meeressäuger von ihrem Schiff aus mit dem Fernglas heranzoomen.

Kälte des Meeres treibt. Ist das Boot neben ihm, erkennt man, dass er groß ist wie ein Appartementblock. Und dass die kleinen Punkte oben auf ihm drauf ausgewachsene Pinguine sind. Was? Na klar sind die überall. Meistens stehen Tausende von ihnen genau an jener Stelle herum, an der die Boote anlanden. Pinguine haben ein miserables Kurzzeitgedächtnis. Selbst wenn in ihrer Bucht drei Tage zuvor andere Besucher gewesen wären, hätten sie das längst schon wieder vergessen. Deswegen schauen sie einen erst einmal an, als komme man aus einer anderen Welt. Bevor sie dann offensichtlich beschließen, dass es sich bei den Neuen um Artgenossen handelt. Merkwürdig überdimensioniert zwar, aber was soll das denn schon anderes sein, die gehen ja auch auf zwei Beinen.

Ist man erst einmal als Pinguinkollege akzeptiert, gibt es keine Hemmungen mehr. Alsbald watscheln sie einem über die Gummistiefel, stellen sich in den Weg oder bringen sich für die Morgentoilette in Position (wer es genauer wissen möchte: einer Verbeugung nach vorne folgt ein meterlanger, übel riechender Strahl). Und wenn man sich auf einen Stein setzt und sie beobachtet, muss man damit rechnen, dass sie über kurz oder lang versuchen, den Ruck-

Happy Feet: Millionen von Pinguinen bevölkern die Antarktis. Tollpatsche an Land, sind sie elegante Schwimmer.

Polar-Legende

Der Name des Hurtigrutenschiffs Fram erinnert an das gleichnamige Expeditionsschiff, mit dem die norwegischen Polarforscher Fridtjof Nansen und Roald Amundsen zu Beginn des 20. Jahrhunderts mit Unterstützung des Königshauses zu ihren waghalsigen Forschungsreisen zu Nord- und Südpol aufbrachen.

sack anzufressen oder auch gerne die Hose. Stoßen sie dabei auf Schwierigkeiten, schlagen sie aufgeregt mit ihren Stummelflügeln und krächzen ohrenbetäubend. Das soll jetzt nicht undankbar klingen. Aber manchmal ist man froh, wenn einen die Schlauchboote zurück in die Pinguin-freie Zone der Fram bringen.

Schwimmender Horsaal

Über das Schiff müssen wir sowieso noch reden. Mit handelsüblichen Kreuzfahrern hat die Fram nämlich nichts zu tun. Das Schiff ist ausgerüstet mit all jenen wunderbaren Dingen, die man an einer Seereise schätzt, bei der man nicht bloß im Whirlpool oder an der Bar sitzen, sondern ein Land erleben möchte. Wer auf der Fram unterwegs ist, fährt auf einer schwimmenden Universität, in der mitreisende Botaniker, Geologen und Biolo-

gen Vorträge halten, Filme präsentieren und mit den Passagieren über den Klimawandel diskutieren. Wenn man es anschließend noch ein wenig genauer wissen will, kann man sich mit einem Band aus der wissenschaftlichen Bordbibliothek in die Panorama-Bar setzen. Die Fram ist übrigens gerade groß genug, um sämtlichen Mitpassagieren aus dem Weg zu gehen, wenn man nichts anderes machen möchte als lesen und Eisberge schauen, ein Glas Rotwein in der Hand, den iPod in der Tasche und das ätherische Gesäusel von Sigur Ros im Ohr. Edvard Grieg passt auch sehr gut.

Das macht man übrigens sehr oft: einfach nur schauen. In der Szenerie versinken. In sich hineinhören. Im antarktischen Sommer sind die Tage lang, ist die Dämmerung endlos, weshalb die meisten Passagiere ständig

Der kalte Kontinent

Die Antarktis ist der kälteste Kontinent der Erde. Hier wurde bei der ehemals sowjetischen Station Wostok am 21. Juli 1983 in 3420 Meter Höhe die niedrigste Temperatur aller Zeiten gemessen: unglaubliche −89 °C. An der Küste sind die Temperaturen moderater: zwischen −20 und −30 °C im Winter, um die Nullgradgrenze im Sommer. An Süd- und Nordpol erreicht nur wenig Sonnenstrahlung die Erde, da sie in einem sehr flachen Winkel auftrifft. Dazu kommt die ständige Eisbedeckung, die zur Folge hat, dass ein großer Teil der Sonnenstrahlung in den Weltraum zurückgeworfen wird, statt den Kontinent zu erwärmen. Die Antarktis ist auch gefürchtet wegen ihrer Stürme, die Geschwindigkeiten von bis zu 250 km/h erreichen. Im Landesinneren werden bis zu 340 Sturmtage pro Jahr gezählt. Beste Reisezeit ist der antarktische Sommer zwischen Dezember und März.

an Deck zu sein scheinen, warm verpackt in voluminöse Daunenjacken, die sie wie Teletubbies aussehen lassen. Manchmal gehen Eis und Schnee und Wolken eine so nahe Verbindung ein, dass es scheint, als würden die Wolken aus den weißen Flanken der Berge hinauswachsen, als seien sie geboren aus Eis und Schnee und schwebten anschließend die Hänge hinunter. Wenn man an der Reling steht, zieht eine Leinwand aus Bergen und Gletschern vorbei, die eine ähnliche Wirkung entfaltet wie ein loderndes Kaminfeuer: Obwohl sich das Bild nicht wirklich verändert, kann man sich nicht davon losreißen. Bis es irgendwann zu kalt wird. Und gerade wenn man hineingehen will, passiert dann meistens wieder etwas Spektakuläres – als wolle dieses Land einen mit aller Macht dazu bringen, es keine Minute aus den Augen zu lassen. Dann taucht zum Beispiel auf der Backbordseite ein Wal aus dem Wasser auf, prustet eine Fontäne in die Luft und taucht unter dem Schiffsrumpf hinüber nach Steuerbord, damit ihn dort auch jeder sehen kann. Oder es kommt eine Scholle voller Robben angetrieben. Oder ein eisiger Koloss stellt fest, dass er eigentlich viel zu groß ist.

Ein auseinanderbrechender Eisberg gehört zu jenen Anblicken, die man nie im Leben mehr vergisst. Wie fließende Lava. Wie ein explodierender Geysir. Zuerst knirscht es verhalten, dann grummelt es kurz, und wenn dann eine Eiswand von der Größe eines Ministerialgebäudes nach vorne wegknickt, entsteht ganz kurz diese in der Luft hängende Stille, die ein akustisches Großereignis ankündigt. Dann kracht das Eis aufs Wasser und die Schallwelle gegen die Trommelfelle, und wenn man nah genug dran ist, hallt es noch einige Sekunden irgendwo da drinnen in einem nach. Und dann hört man dieses Seufzen. Als ob der Berg um sein verlorenes Eis trauere. Kommt aber nur aus einem selbst, dieses Seufzen. Und bevor man das erkannt hat, sind die Reste des Eisberges schon wieder im Nebel verschwunden.

Lebensfeindliche Zone

Welch einen Unterschied das Wetter hier macht! Bei Sonnenschein ist die Antarktis pompös und majestätisch, eine tiefgefrorene Märchenlandschaft, zu der im Kopf eine Musik mit Pauken und Trompeten loslegt, als kämen die Walküren vom anderen Ende der Welt hinuntergaloppiert. Weil das Meer so stahlblau ist, erscheint das Eis gleißend weiß, und weil das Eis so weiß ist, sieht es obendrüber aus, als solle der Begriff »Himmelblau« neu definiert werden. Aber wehe, Wolken ziehen auf oder Nebel! Dann pfeift der Wind und die Pinguine rücken zusammen, und die Antarktis gehört von einer Minute auf die andere zu jenen Landschaften, die einem unmissverständlich signalisieren, dass sie keinerlei Spaß verstehen. Das sind dann jene Tage, an denen man erkennt, weshalb der Mensch es hier nie lange ausgehalten hat – und sich absetzte, sobald sich eine Möglichkeit eröffnete. Wie in der Halfmoon Bay, wo die Ruinen einer Walverarbeitungsanlage stehen. Die rostigen Tanks und Kessel sehen aus wie die Überreste einer außerirdi-

Fire & Ice

Die einzigen Siedlungen in der Antarktis sind Forschungsstationen. Hier besuchen die Fram-Passagiere die argentinische Almirante Brown Base in der Paradise Bay, die 1984 ein verzweifelter, dort stationierter Arzt in Brand gesteckt hat. Teilweise wurde die Station wieder aufgebaut.

Füttern und streicheln verboten

Um das sensible Ökosystem der Antarktis zu schützen, gelten in dieser Region für Besucher besonders strenge Regeln, die im internationalen Antarktis-Vertrag von 1961 festgelegt sind. Kreuzfahrtpassagieren werden diese Verhaltensregeln sehr gründlich eingeprägt. Dazu gehören:

• Füttern und berühren Sie keine Vögel und Robben. Besondere Vorsicht bei Tieren mit Jungen
• Beschädigen Sie keine Pflanzen. Auch beim Gehen über moosbewachsenen Grund ist Vorsicht geboten.
• Vermeiden Sie Lärm, Sie könnten die Wildtiere stören.
• Halten Sie ausreichend Abstand zu den Tieren.
• Stören Sie keine Wissenschaftler bei der Arbeit.
• Betreten Sie keine Gletscher oder Eisfelder ohne eine entsprechende Ausrüstung. Vorsicht: Gletscherspalten!
• Das Wegwerfen oder Verbrennen von Abfall ist strengstens verboten!
• Werfen Sie nichts ins Meer, in Seen und Flüsse.
• Nehmen Sie keine Steine, Knochen, Eier und Fossilien mit.

schen Zivilisation, die einst hier Fuß fassen wollte und es sich dann doch anders überlegt hatte. Auch die britische Station »Base E« auf Stonington Island ist längst verlassen. In den Regalen stapeln sich alte Konserven, auf dem Tisch stehen Gläser und Teller, es scheint, als seien die Forscher nur mal kurz um den Block – dem Aktfoto von Raquel Welch auf der Herrentoilette nach zu schließen muss das um 1976 gewesen sein. Seitdem war hier ganz offensichtlich niemand mehr. Bis auf ein paar Touristen.

Vielleicht ist es auch dieses Gefühl der Verlassenheit, das dieses Land so besonders macht. Es gibt keine Geschichte, zumindest keine, die wir erfassen könnten, alles ist Eis, Wasser und Schnee, weshalb man hier ganz schnell daran zweifeln kann, ob man sich in der Gegenwart befindet oder doch in einer Zeit vor Christus. In solchen Momenten weiß man nicht so recht, woran man ist. Klar, das da hinten ist mein Schiff, da vorne fotografieren die anderen eine Robbenkolonie, ab 19 Uhr gibt es Abendessen – und dennoch fühlt man sich

seltsam orientierungslos und ein klein wenig verloren. Die Antarktis gibt sich so, als liege sie nicht auf eben dieser Welt. Sondern in einer anderen Zeit, in einem anderen Raum. Und nur, weil der Kapitän soeben über Bordlautsprecher verkündet, der Lemaire-Kanal sei durchquert, und weil die Passagiere jubeln und die Mannschaft sich gegenseitig abklatscht und es noch einmal »krrschzzssht!« macht, wie zum großen Finale – nur deshalb ist man sich sicher, dass man genau da ist, wo man zu sein glaubt.

Wo Eisberge und Pinguine die Show machen

Steckbrief Fram

Reederei: Hurtigruten
Baujahr: 2007
Dimensionen: 12 700 BRZ,
Länge: 113,8 Meter, Breite:
20,2 Meter
Passagierdecks: 8
Passagiere: max. 318
Mannschaft: 70–80
Einsatzgebiet: Arktis (Sommer),
Europa (Frühling, Herbst),
Antarktis (Winter)

Kabinen & Suiten

128 Passagierkabinen: davon 24
Innenkabinen, 83 Außenkabinen,
21 Suiten (7 davon mit Balkon),
2 behindertengerechte Kabinen.
Alle Kabinen verfügen über
ein großes Doppelbett bzw.
2 Einzelbetten, einige können
auch als 3- oder 4-Bett-Kabinen
genutzt werden. Alle Kabinen
sind mit Bad, Telefon, TV-Gerät,
Kühlschrank, Haartrockner
sowie individuell regulierbarer
Klimaanlage ausgestattet. Die
modern-klassische Inneneinrich
tung wurde in Anlehnung an das
Fahrtgebiet Grönland entwor-
fen, so spiegelt z. B. das Design
der Kabinen die drei Elemente
Himmel, Land und See wider.

Restaurants & Bars

Restaurant mit Büfett, zwei
Sitzungen beim Dinner. Kleines
Selbstbedienungscafé (Kuchen,
Kekse, Kaffee und Tee) rund
um die Uhr. Panorama-Lounge
mit Kaffee- und Bargetränken
(kostenpflichtig). Mineralwas-
ser zu den Mahlzeiten gegen
Reisepauschal-Abo, sonstige
Getränke kostenpflichtig.

Sport & Wellness

Das Schiff ist mit einer Sauna,
einem kleinen Fitnessraum
und zwei Whirlpools an Deck
ausgestattet.

Unterhaltung & Ausflüge

Die Fram ist keine erste Wahl
für Leute, die abends in einer
Broadway-Show sitzen möchten
oder das Angebot einer klassischen Kreuzfahrt erwarten – auf
diesem Schiff liefert die Natur
das Programm. Die meisten
Passagiere halten sich bis spät in
den Abend an Deck oder in der
verglasten Panorama-Lounge
auf, schauen den vorbeitreiben-
den Eisbergen zu oder lesen in
Büchern aus der Bordbibliothek.
Überhaupt kann man die Fram
wie eine schwimmende Universität nutzen: An den meisten
Tagen halten die Wissenschaftler des Expeditionsteams zwischen Frühstück und Abendessen Vorträge zu Geschichte,
Geologie sowie Flora und
Fauna des Reisegebietes (jeweils
in Deutsch und Englisch).
In Arktis, Antarktis und auf
Spitzbergen gehören Landgänge
mit Schlauchboot-Shuttles und
wissenschaftlicher Begleitung
zum festen Tagesrhythmus (sind
im Reisepreis inklusive). Außer
bei Spitzbergen-Reisen konnen
kostenpflichtige Zusatzausflüge
gebucht werden. Alle Anlandungen sind abhängig von Wetter-
und Eisbedingungen.

Bordsprache & Dresscode

Deutsch und Englisch sind die
dominierenden Sprachen; die
meisten Offiziere und Wissenschaftler sprechen Deutsch.
Es gibt keinerlei Dresscode:
Jeans und Pullover sind auch
beim Dinner völlig ok.

Fazit

Ein wunderbares Schiff für alle,
die es als Abenteuer begreifen, die Arktis oder Antarktis
hautnah und mit wissenschaft-
lichem Hintergrund zu erleben.
Die lässig-lockere Atmosphäre
und Null-Kleiderordnung tragen
dazu bei, dass man sich an Bord
der Fram sofort wohlfühlt.

Info & Buchung

Hurtigruten, Große Bleichen 23,
20354 Hamburg,
Tel. 0 40/87 40 83 58,
www.hurtigruten.de oder
im Reisebüro

*Grandiose Landschaften und
ein buntes Ausflugsprogramm
sorgen für gute Stimmung.*

✦ ✦

02 Gletscherzungen, Walflossen und Clintons Saxofon

Eine Kreuzfahrt durch Alaskas Inside Passage offenbart die kraftvolle Schönheit von Amerikas größtem und nördlichstem Bundesstaat.

Eric Clapton und den Rolling Stones als Kunstobjekte zu sehen. Und eine barocke holländische Orgel nimmt das dreistöckige Atrium der Zaandam ein.

Wunderbarer Jetlag! Ohne ihn wäre man sicher nicht um halb fünf in der Früh aufgewacht und hätte dann diesen Sonnenaufgang verpasst. Der Himmel glüht in allen Violett-Tönen und spiegelt sich auf der Wasseroberfläche, auf der einzelne Baumstämme treiben. Am Abend zuvor hatte das Kreuzfahrtschiff Zaandam in der kanadischen Pazifikmetropole Vancouver abgelegt, um zur Fahrt durch die Inside Passage aufzubrechen. Die Fjord- und Inselwelt des 800 Kilometer langen Küstenstreifens im Südosten Alaskas zählt zu den schönsten Wildnis-Paradiesen der Welt.

Die Atmosphäre auf der Zaandam, genannt nach der Stadt in den Niederlanden, ist leger. Musik gehört zum festen Programmteil an Bord des immerhin rund 1400 Passagiere fassenden Schiffs. Kein Wunder, sind doch hier Musikinstrumente wie das Saxofon von Bill Clinton sowie signierte Gitarren von Queen,

Erster Anlegehafen ist Ketchikan, etwa 150 Kilometer nördlich von Prince Rupert in Kanadas Provinz British Columbia. Nicht ohne Selbstironie brüstet sich das Städtchen damit, der regenreichste Ort der Welt zu sein. Die Einwohner sehen das positiv-locker und nennen den Regen »liquid sunshine« (flüssiger Sonnenschein), und Regenschirme kommen schon aus Prinzip nicht infrage. Und so werden Landgänger in den zahlreichen Läden an der Front Street auch keine finden und sich dafür mit T-Shirts, Eskimo- und Indianer-Nippes eindecken, bevor sie zu den Ausflügen aufbrechen.

Am nächsten Morgen strahlt die Sonne. In Alaskas Hauptstadt Juneau, in der Bucht unterhalb des gewaltigen Mount Juneau, beginnt das tägliche Treiben auf den Straßen. Nach Juneau gelangt man nur mit dem Schiff oder dem Flugzeug, gewaltige Berge und Gletscherfelder schneiden die Stadt von den Überlandstraßen ab. Mit jeder Seemeile

in Richtung Norden wird der Landschaftscharakter arktischer. Riesige Gletscherzungen bahnen sich ihren Weg ins Meer. Immer wieder brechen Eiswände ab und stürzen mit Getöse ins Wasser.

Nächster Hafen ist Skagway: Von hier aus machten sich Goldsucher 1896 auf den beschwerlichen Weg über den White Pass und den Chilkoot Pass ins Landesinnere zu den Goldfeldern am Klondike River. Das Gold-Rush-Feeling ist noch überall präsent. Nach der Fahrt durch die majestätische Glacier Bay auf die offene See in den Golf von Alaska hinaus sind die Chancen, Buckelwale, Delfine und Seelöwen zu sehen, groß. Gleichzeitig mit der Zaandam laufen zahlreiche Fischerboote in den Zielhafen Seward ein – an Bord stolze Angler mit ihren stattlichen Heilbutts und Königslachsen. Wer ein Alaska-Anschlussprogramm gebucht hat, zieht vielleicht bald selbst einen solchen »King« aus dem Wasser.

Zaandam
Zielgebiet: Alaska
Buchung: Holland America Line,
www.hollandamerica.com und im Reisebüro

03 Reise in die Vergangenheit

Besuch bei Riesenechsen. Die Galapagos-Inseln gehören zu den letzten Naturparadiesen.

Dutzende von Riesenechsen aalen sich auf einem schwarzen Lavafelsen in der Mittagssonne. Seelöwen liegen unbeweglich wie Brotlaibe am Strand, zwischen ihnen balzt ein Blaufußtölpel seine Auserwählte an. Flamingos stehen in einem Tümpel und putzen sich das rosafarbene Gefieder. Von den 18 Menschen, die aus dem gerade angelandeten Zodiac aussteigen, scheinen sie sich nicht aus der Ruhe bringen zu lassen. Jede Gruppe wird von mindestens einem Ranger begleitet, der streng darüber wacht, dass bei der Naturschau niemand die markierten Pfade verlässt. Der aus rund 45 Vulkaninseln bestehende Archipel im Pazifik ist Unesco-Weltkulturerbe und gehört zu den naturgeschichtlich bedeutendsten Regionen der Welt. Die Celebrity Xpedition steuert ihre Gäste im Wochenrhythmus durch diese einzigartige Inselwelt. Spektakulärste Bewohner sind die drachenähnlichen Iguanas und riesigen Elefantenschildkröten. Nach diesem Kontrastprogramm taucht man am Ende des Tages wieder in die entspannte Yacht-Atmosphäre der Celebrity Xpedition ein.

Celebrity Xpedition
Zielgebiet: Galapagos-Inseln
Buchung: Celebrity Cruises, Tel. 08 00/ 724 03 46, www.celebritycruises.de

04 Stahl trifft auf Eis

Der finnische Eisbrecher Sampo nimmt Passagiere mit ins ewige Eis.

40 Jahre lang brach der 3540 Tonnen schwere Stahlkoloss für andere Schiffe Fahrrinnen durchs meterdicke Ostsee-Eis. Dann durfte sich die Sampo in den wohlverdienten Ruhestand begeben – um als Passagier-Eisbrecher ein erfolgreiches Comeback zu feiern. Vom Städtchen Kemi in Finnisch-Lappland startet die Sampo zu ihren vierstündigen Fahrten durchs Meer. Das Aufeinandertreffen von massivem Stahl und Eis ist überwältigend. Erstaunlich, wie mühelos und nahezu lautlos der 3400-Tonner selbst mit acht Meter dicken Eisschichten fertigwird. Am Ende der Fahrt können sich Passagiere auf Wunsch ein Bad im nördlichen Bottnischen Meerbusen gönnen. Kein Witz, dicke Neoprenanzüge sorgen in arktischer Kälte für wohlige Wärme.

Sampo
Zielgebiet: Finnland
Buchung: Nordic Holidays,
Tel. 041 21/791 10,
www.nordic-holidays.de

05 Schlaflos am Polarkreis

Eine Kreuzfahrt mit den Hurtigruten zur norwegischen Mitternachtssonne wirkt wie eine Partydroge.

Das Meer glitzert wie nach einem Goldregen. In der Ferne erheben sich kantige, hohe Berge, die wie Scherenschnitte aussehen. Es sind die letzten Ausläufer der Lofoten, einer Inselgruppe von etwa 80 Eilanden vor der Westküste Norwegens. Obwohl es bald auf Mitternacht zugeht, tragen die Passagiere an Deck der Finnmarken Sonnenbrillen. Eingehüllt in Windbreaker und Decken wollen sie ganz unmittelbar erleben, wie sich die Sonne zügig auf den Horizont zu bewegt, kurz vor dem Abtauchen aber die Kurve kriegt und wieder gen Himmel steigt.

An Tagen wie diesen ist die Sonne die Königin der Nacht. Mitternachtssonne heißt dieses Phänomen in den Regionen um den nördlichen (und südlichen) Polarkreis. In den Wochen vor und nach der Sommersonnenwende kommt es höchstens zu einer kurzen kaum wahrzunehmenden Dämmerung. Die Menschen, die hier leben, wollen dieses Geschenk der Natur vollends auskosten – als Entschädigung für die langen finsteren Wintertage – und haben ihren Organismus auf »wach« programmiert. Bei den Passagieren auf der Finnmarken scheint das automatisch erfolgt

zu sein. Die Dauersonne wirkt wie eine Partydroge, macht sie aufgedreht und munter. Seit die Kreuzfahrer vor einigen Tagen in Tromsø an Bord gegangen sind, haben sie nicht mehr richtig geschlafen. Hier mal drei Stunden am Stück, dort ein Nickerchen im Liegestuhl – mehr ist einfach nicht drin. Man will schließlich nichts verpassen.

Es gibt keine authentischere Art Norwegen zu bereisen als mit einem der Postschiffe. Seit 1893 verkehren die Schiffe »der schnellen Linie« – so die wörtliche Übersetzung – zwischen den Häfen der spektakulären Fjord- und Schärenküste. Elf Tage dauert die Reise von Kirkenes im Norden nach Bergen im Süden, dabei legen die elf Schiffe 2500 Seemeilen zurück und laufen 34 Häfen an. Die Schiffsverbindung zählt bis heute zu den wichtigsten Verkehrsadern in den dünn besiedelten Norden.

Für die Norweger sind die Hurtigruten Transportmittel und Nationalheiligtum zugleich,

für die vielen Touristen der Schlüssel zu einem einzigartigen Natur- und Kreuzfahrterlebnis. Die wild zerklüftete Küste Norwegens mit Bergen, Gletschern, den tief ins Land dringenden Fjorden, Dörfern und Gehöften, die nur auf dem Seeweg zu erreichen sind, ist immer in greifbarer Nähe. Die klare Luft und die Weite tun ihr Übriges, um das Grandiose dieser Fels- und Wasserlandschaft immer wieder neu zu spüren. Die Stopps in den meist winzigen Häfen dauern lange genug, um sich an Land die Beine zu vertreten. Landgänge in den Lofoten-Siedlungen Sol-

vær und Stamsund sind ein geruchsintensives Erlebnis. Der Fisch ist das Markenzeichen des Archipels. Überall stehen meterhohe Holzgestelle, an denen Dorsche zum Trocknen aufgehängt sind. Dieser Stockfisch geht in den Export bis nach Südeuropa und Westafrika. Das Hafengelände mit seinen Holzhäusern auf Stelzen wird durch die tief stehende Sonne prächtig in Szene gesetzt.

Auf den Hurtigrutenschiffen gibt es kein offizielles Unterhaltungsprogramm – wo doch die Natur eine grandiose Show nach der anderen abzieht. Umso größer ist die Überraschung, als eines schönen Abends eine Combo mit einer fantastischen Sängerin, Typ Edith Piaf, auftritt. Die Lieder erzählen von der Freude auf den Sommer, von Wintermelancholie und natürlich von der Liebe. Die berührende Vorführung bringt eine Gruppe Italiener auf die ulkige Idee, am Abend darauf mit einem italienischen Liederabend dagegenzuhalten und diesen vollmundig über Bordlautsprecher ankündigen zu lassen. Die Performance gerät dann aber so dilettantisch, dass selbst die gutmütigsten Zuhörer an die Bar fliehen.

Sechs Stunden dauert die Überfahrt von Stamsund zum Festland nach Bodø, wo die Finnmarken gegen 1.30 Uhr einläuft. Auf dem großen Platz vor der Hafenpromenade herrscht Volksfeststimmung. Aus den Lautsprechern wummern lateinamerikanische Rhythmen. Es kreisen die Hüften, es fliegen Röckchen. Auf einem mit Sand aufgeschütteten Beachsoccer-Platz ist ein Turnier im Gange. Die Spieler werden von Fans und Cheerleaders angefeuert. Hier geht noch lange keiner schlafen.

Weiter geht die Reise gen Süden. Am nächsten Morgen nach dem Frühstück folgen die Passagiere unverzüglich einer Lautsprecher-Ansage und stürmen aufs Oberdeck an die Steuerbord-Reling. Ein feierlicher Moment; die Finnmarken überquert soeben den Polarkreis. Auf einer kleinen Schäre markiert das Modell einer Weltkugel die imaginäre Trennlinie, die etwas nördlich des 66. Breitengrades verläuft. Später wird das Schiff für drei Stunden in Trondheim anlegen, Norwegens drittgrößter Stadt mit alten Speicherhäusern, Holzbrücken und dem prächtigen Nidaros-Dom, in dem bis heute die norwegischen Könige gekrönt werden. Vielleicht ist bis dahin ein wenig Schlaf drin? Wahrscheinlich aber wird die eindrucksvolle Landschaft die Passagiere davon abhalten. Wieder mal.

Finnmarken
Zielgebiet: Norwegen
Buchung: Hurtigruten,
Tel. 0 40/87 40 83 58,
www.hurtigruten.de

06 Auf dem falschen Dampfer

Frachter statt Oceanliner: Für die junge Reporterin war die Enttäuschung zunächst riesengroß. Doch nach einem total missglückten Start nahm die Reise eine wunderbare Wendung.

Text: Brigitte von Imhof

In jener Montagmorgenkonferenz fiel meine Euphorie binnen weniger Sekunden in sich zusammen wie ein missglücktes Soufflé. Es hatte geheißen, ich solle auf Kreuzfahrt-Recherche gehen. Yippie!! Der Traum vom Traumschiff würde endlich wahr werden. Ich sah mich schon in langer Abendrobe durch den eleganten Speisesaal rauschen und stellte erste Überlegungen an, mit welchen spritzigen Themen ich am Captain's Table glänzen könnte ... Doch am Konferenztisch eröffnete mir der Chefredakteur, dass die erste Seereise meines Lebens auf einem Frachter stattfinden würde. Von Triest aus sollte es eine Woche lang durch die Adria und die griechische Inselwelt nach Alexandria in Ägypten gehen und schließlich weiter nach Israel zum Zielhafen Ashdod. Den größten Spaß hatten meine Redaktionskolleginnen. Sie ergötzten sich an der Vorstellung, wie ein Rudel stockbesoffener Matrosen nächtens an meiner Kabinentür scharrten, und hakten unermüdlich nach, mit wie vielen Pools und Nightclubs mein Schiff denn ausgestattet sei.

Unfroh saß ich zwei Wochen später im Zug nach Triest. Ich hatte meine Enttäuschung mittlerweile verdaut und beschlossen, die Sache mit frischer journalistischer Neugier anzugehen. Doch in Triest sollte mich gleich der erste Dämpfer erwarten: Nachdem ich im Hotel eingecheckt hatte, sprach ich in der Schifffahrtsagentur vor, wo ich mich am nächsten Morgen einfinden solle. Der junge Mitarbeiter zuckte mit den Achseln: Man wisse nicht, wann das Schiff komme, ich solle mich morgen Mittag nochmals melden. Der Frust drohte in Richtung Depression zu kippen, als mir tags darauf dieselben Schultern entgegenzuckten. Keine Neuigkeiten von der

Wo bleibt nur der Kabinensteward?
An Bord eines Frachters lernen die
Passagiere zu improvisieren.

23

Besser an Bord

Landgänge mit Tücken: Es gibt keine verbindlichen Abfahrtszeiten. Außerdem liegen die Häfen oft weit vom Stadtzentrum entfernt. Lass dann noch das Taxi im Stau stecken bleiben ... Dass je ein Frachtschiff auf einen Passagier gewartet hat, soll noch nie vorgekommen sein.

Freccia dell'Ovest, leider. Bei Frachtschiffen könnten die angegebenen An- und Ablegezeiten sogar um mehrere Tage abweichen. »Mal gibt es Probleme mit dem Beladen, mal sorgt der Zoll für Verzögerungen«, holte er aus und komplimentierte mich mit einem beschwichtigenden »Irgendwann wird Ihr Schiff schon kommen« aus dem Büro.

Tristesse in Triest

Als hätte mich der Triester Dauerregen nicht schon genug zermürbt. Wie oft bin ich über die Piazza dell'Unita mit ihren neoklassizistischen Prachtbauten und über den Opernplatz mit dem Teatro Verdi geschlendert? Wie viele Stunden habe ich in Cafés und Bars totgeschlagen und bei überteuerten Cappuccini den waagerecht daherfliegenden Regen durch die Fensterscheiben angestarrt? Ich fühlte mich ausgesetzt und angefeindet, elend und

einsam. Erst an Tag drei meines unfreiwilligen Triest-Trips kam vom Achselzucker die erlösende Nachricht: Das Schiff sei im Hafen eingetroffen und ich könne gegen 14 Uhr an Bord gehen.

Da war sie also, die Freccia dell'Ovest, der Pfeil des Westens. Himmel, der Kahn sah ja genau so aus, wie ich ihn mir vorgestellt hatte – ein weißgelber, nicht zu großer Rostkübel. Dann also mal rein. Ich steuerte auf einen Mann zu, der mit wild rudernden Armen einen Lastenkran dirigierte. »Scusi Signore«, hob ich freundlich an. »Wo bitte finde ich den Kapitän dieses Schiffs? Ich werde erwartet.« Zwei lebhafte schwarze Augen musterten mich. »Ich bin Commandante Luigi und Sie sind bestimmt die Journalistin aus Deutschland. Sie sehen, wir haben eine Menge hier zu tun. Am besten gehen Sie aufs Schiff und

lassen sich von einem meiner Leute Ihre Kabine zeigen. Da bleiben Sie, bis wir ablegen, so gegen vier oder fünf. Vorher würden Sie uns nur im Weg stehen.«

Ein VIP-Empfang wie aus dem Bilderbuch! Meine Kabine war okay. Sauber, zweckmäßig, klein, mit ausreichend Stauraum für meine paar Klamotten und das Waschzeug. Ich legte mich aufs Bett und starrte an die Decke. Mein Kopf war leer, ich spürte nichts als dumpfe Gleichgültigkeit. An der Tür klopfte es. »Signora?« Commandante Luigi streckte mir verlegen ein paar bunte Blümchen entgegen. »Tut mir leid, dass ich vorhin etwas kurz angebunden war. Aber draußen gab es einige Probleme mit der neuen Fracht ... Ist die Kabine in Ordnung?« »Ja, alles bestens«, gab ich versöhnt zurück. »Ich muss rauf, wir legen gleich ab. Kommen Sie doch in einer Stunde in die Messe. Wir trinken einen Schluck, essen ein paar Happen, und dann lernen Sie meine Kollegen und die anderen Passagiere kennen.«

Endlich geht's los!

Eigentlich ein ganz netter Mann. Der hatte natürlich andere Probleme, als für eine vom Triester Dauerregen zermürbte Reporterin den Animateur zu mimen. Auf einmal geriet

Brücke, Maschinenraum, Kombüse: Passagiere können jederzeit Einblick nehmen in den Alltag der Crew.

Picknick an Deck

Wenn das Wetter schön und der Schiffskoch gut glelaunt ist, werden die Passagiere
zwischendurch mal mit einem Barbecue
überrascht. Auf Frachtschiffen, wo die Crew
hart arbeiten muss, gibt es stets gut, reichlich
und abwechslungsreich zu essen.

Bewegung unter meine Füße. Mit der Nase ans Bullauge gepresst verfolgte ich gebannt, wie das Schiff aus dem Hafen glitt und das triste Triest hinter sich ließ. Ach, vielleicht würde das hier doch noch ganz nett. Und vielleicht hörte irgendwann auch der verdammte Regen auf, der wütend gegen das Schiff peitschte.

Bei Prosecco und Antipasti lernte ich meine Mitreisenden und weitere Crew-Mitglieder kennen: Das israelische Ehepaar, Reuben und Luzie, die den neugeborenen Enkelsohn in Zürich besucht hatten. Der in Wien studierende Ägypter Karim auf dem Weg zur Familie in Alexandria und Enrico, ein Arzt aus Rom, der einen Freund in Tel Aviv besuchen wollte. Zu dem Zweck hatte er auch sein Auto dabei. Maximal zwölf Passagiere dürfen auf Frachtschiffen mitreisen, ab 13 Fahrgästen muss einer internationalen Bestimmung zufolge ein Schiffsarzt an Bord sein.

Seegang mit üblen Folgen

Mittlerweile hatte leichter Wellengang eingesetzt. Ich fand das Geschaukel herrlich, während Enrico immer blasser wurde und sich mit einem knappen Gruß verabschiedete. Maurizio sah ihm hinterher. »Heute Nacht könnte es noch ein bisschen stürmischer werden«, meinte er unheilvoll. Ich grinste in mich hinein: Hoffentlich war unser Dottore heute Nacht nicht zum Bereitschaftsdienst eingeteilt. Eine halbe Stunde später war mir das Grinsen vergangen. Der Seegang hatte meinem Magen zugesetzt. Rocco trug das Abendessen auf. Der Anblick dampfender Rigatoni-Berge mit Fleischsoße gab mir den

Rest. Ich verließ mein erstes, total vermurkstes Captain's Dinner und sauste zurück zum Kabinenklo – nicht ohne mit dem Kopf zweimal gegen die Wand zu schlagen. Der Wellengang hatte mittlerweile bedrohliche Ausmaße angenommen und warf mich herum wie eine Flipperkugel. Elend hing ich über der Kloschüssel und feierte in mehreren Gängen Wiedersehen mit dem kompletten Vorspeisen-Büfett. In der Kabine nebenan schien jemand ebenfalls mit dem Brechtod zu ringen.

Der nächste Morgen tat so, als wäre nichts gewesen. Durch das Rund meines Bullauges blitzte der stahlblaue Himmel. Nur noch ein sanftes, rhythmisches Wanken war zu spüren. Mein Magen röhrte vor Hunger und der Kreislauf ließ etwas zu wünschen übrig, als ich unter der Dusche das Elend der letzten Nacht abzuwaschen versuchte. Mit wackeligen Knien, aber frohen Mutes machte ich mich auf den Weg zum Frühstück, wo ich von Rocco überschwänglich begrüßt wurde. Ob ich auch Rührei mit Speck wolle. Nach und nach trafen meine Mitpassagiere ein.

Es wurden herrliche Tage. Mit jeder Seemeile gen Süden wurde es wärmer. Bald hatten wir die Adria verlassen und das Ionische Meer erreicht. Geschmeidig bahnte sich die Freccia dell'Ovest ihren Weg durch die griechische Inselwelt. Ein intensives Glücksgefühl ergriff von mir Besitz. Gab es etwas Schöneres, als den Nachmittag im Liegestuhl zu dösen und ein Buch in einem Stück durchzulesen? Zusammen mit dem Commandante den Nachthimmel nach Sternbildern abzusuchen oder

den Umgang mit einem Sextanten erklärt zu bekommen? Die 25 Mann Besatzung auf der Freccia, ausnahmslos Neapolitaner, machten es mir mit ihrer herzlich-lebhaften Art immer leichter, mich bei ihnen daheim zu fühlen.

Kulinarische Offenbarungen

Wenn man eine Woche lang auf der Kapitänsbrücke, in der Funkerbude, im Maschinenraum und in der Schiffsküche aus- und eingeht, wenn einem der Kapitän spannende Geschichten aus seinem langen Seefahrerleben erzählt und einem der Maschinist mit leuchtenden Augen vorrechnet, in wie vielen Tagen er seine Frau wiedersieht, bekommt man einen kleinen, aber authentischen Einblick in das Leben auf See. Ich möchte mir kein Urteil darüber anmaßen, wie hart so ein Job ist. Doch solange die Mannschaft von einem Schiffskoch wie Rocco verpflegt wird, kann es so schlimm eigentlich nicht sein. Rocco zog alle Register italienischer Kochkunst und verwöhnte uns Tag für Tag mit opulenten Menüs. Antipasti, Pasta in allen Variationen, wie sie nur Italiener hinbekommen, Seebarsch in der Salzkruste, Piccata Milanese, Ratatouille, knackige Salate, frisches Obst, Käse und Desserts.

Wir wuchsen zu einer verschworenen Clique zusammen. Wir hatten die Freiheit, nicht zusammenglucken zu müssen. Aber nach einem Lesetag im Liegestuhl stand uns wieder der Sinn nach Geselligkeit. Mal eine Partie Backgammon, mal das gute

Emma und ihre Riesenschwestern

Von 2006 bis 2012 war die »Emma Mærsk« (mit ihren sieben baugleichen Schwestern) das größte Containerschiff der Welt. Jedes dieser Schiffe der dänischen Mærsk Line bringt es auf 397 Meter Länge und 56,4 Meter Breite – und die Hafenanlagen dieser Welt an den Rand ihrer Möglichkeiten. So wurde etwa eine Wendestelle des Container Terminals Bremerhaven extra für die Emma Mærsk um 600 Meter verbreitert. 11 000 Standardcontainer haben auf der Emma Platz, die aneinandergereiht eine Länge von 71 Kilometer ergeben würden.

alte Mikado. Zu unseren Lieblingsbeschäftigungen zählte, bei Rocco in der Kombüse vorbeizuschauen und aus dem Kochtopf zu naschen, bis er uns mit gespielter Empörung verjagte. Der Nationalitäten-Mix ergab so manche Sprachverwirrung, die an den Turmbau von Babel erinnerte. So bedurfte es einiger linguistischer Zwischenstationen, bis der nur Arabisch und Wienerisch sprechende Karim unserem des Italienischen und Französischen mächtigen Dottore Enrico sein Stechen in der Milzgegend erläutert hatte. Reuben und Luzie schienen irgendwie alles zu ver-

stehen und viele Sprachen zu sprechen. Die italienische Crew konnte passables Englisch. Und wenn Bryan Adams »Summer of 69« anstimmte oder wir Adriano Celentano bei »Azzurro« gesanglich unter die Arme griffen, war einmal mehr klar: Die Sprache der Musik ist international.

Abschied für immer
In Alexandria hieß es Abschied nehmen von Karim. Sein Trennungsschmerz wich schnell großer Vorfreude, schließlich wurde er am Hafen von seiner großen Familie erwartet.

Bald waren auch für den Rest von uns die Tage an Bord der Freccia dell'Ovest gezählt. Ein letztes Captain's Dinner mit einem übellaunigen Luigi (»wird schön langweilig ohne euch!«), Rocco tischte gegrillte Riesengarnelen auf. Handys, E-Mails, Facebook … das gab es damals noch nicht. Und so war der Abschied in Ashdod ein Abschied für immer. Auf dem Rückflug fiel mir ein, dass ich auf die Stunde genau eine Woche zuvor über der Kloschüssel hing und nur noch sterben wollte. Aber man wird doch wohl noch seine Meinung ändern dürfen!

Nimm mich mit, Kapitän

Eine Seereise mit einem Frachtschiff ist nicht jedermanns Sache und schon gar nicht von Passagieren, die den Luxus und das Unterhaltungsangebot von Kreuzfahrtschiffen schätzen. Doch auf einer solchen Reise erfährt man Seefahrt hautnah und ungeschminkt. Die Planung einer Frachterreise erfordert mehr Eigeninitiative als eine Rundum-Sorglos-Kreuzfahrt.

Anreise

Die Abreisezeit kann nur ungefähr angegeben werden, was eine rechtzeitige Anreise und eventuell eine Übernachtung am Abgangshafen erfordert. In den Tagen vor der Abreise ist der Kontakt zur Agentur wichtig: Aufenthaltsort bekannt geben und Handynummer hinterlassen.

Einschiffung

Vorsicht ist geboten im regen Hafenbetrieb. Auf dem Schiff können Lade-, Lösch- und Reparaturarbeiten Hektik verursachen. Es ist nicht immer sofort jemand zur Stelle, der das Gepäck abnimmt und den Passagier in seine Kabine begleitet.

Komfort & Service

Die meisten Kabinen sind sauber, geräumig, gut ausgestattet und haben Meerblick. Oft sind es frei gebliebene Unterkünfte für Offiziere und Ingenieure. Einige Schiffe verfügen sogar über Fitnessraum, Pool, Sauna und Bibliothek. Ein Arzt ist nicht an Bord, doch hat mindestens einer der Offiziere eine fundierte Erste-Hilfe-Ausbildung.

Leben an Bord

Lutz Woitas, Geschäftsführer von »Frachtschiff-Touristik Kapitän Zylmann«, betont den Reiz von Frachtschiffreisen: »Die Passagiere erleben unmittelbar, wie die heutige Seefahrt funktioniert. Schnell bekommen sie einen vertrauten Kontakt zur Crew. Man darf meist ohne Voranmeldung beim Kapitän auf der Brücke ein- und ausgehen.« Die Reisenden sind allerdings weitgehend auf sich gestellt. Es gibt keine Animation, keine Abendunterhaltung. Die Passagiere nehmen die Mahlzeiten zusammen mit der Crew in der Messe ein. Insofern kommen die Passagiere allabendlich in den Genuss eines Captain's Dinner.

Landausflüge

»Land und Leute kennenlernen spielt eine untergeordnete Rolle«, sagt Lutz Woitas. »Denn die Häfen sind meist weit vom Stadtzentrum entfernt und die Zeit ist zu knapp für ausgiebiges Sightseeing.« Der Lösch- und Ladeprozess kann flott vonstatten gehen. Und wer nicht kommt zu rechten Zeit …

Routen und Preise

Wie bei Kreuzfahrten reicht das Angebot von mehrtägigen Kurztrips bis zur mehrmonatigen Weltreise. Der Reisepreis richtet sich nach Reederei und Strecke. Pro Tag fallen ca. 60 bis 100 Euro an, Vollpension inbegriffen.

Frachtschiff-Typen

Die meisten Reiseangebote gibt es für Containerschiffe. RoRo-Schiffe (»roll-on, roll-off«) sind ideal zur Mitnahme von Autos.

Die wichtigsten Vermittler von Frachtschiffreisen

– Frachtschiff-Touristik Kapitän Zylmann, Tel. 04642/9655-0, www.zylmann.de
– Frachtschiffreisen Pfeiffer, Tel. 0202/452379, www.frachtschiffreisen-pfeiffer.de
– Fachreiseagentur für Seereisen Kapitän Hoffmann, Tel. 04503/73675, www.frachtschiff-reisen.net
– Hamburg Süd Reiseagentur, Tel. 040/3705-157, www.hamburgsued-frachtschiffreisen.de

Erinnerungen an eine unvergessliche Reise: Die Autorin (3. v. r.) mit Crew und Passagieren auf der Freccia dell'Ovest.

07 Ich bin dann mal weg

In 144 Tagen mit dem Schiff die Welt umrunden – für viele Menschen ist es der Lebenstraum schlechthin.

Seit der portugiesische Seefahrer Ferdinand Magellan im Jahr 1519 zu seiner Weltumseglung antrat, beschäftigt die Menschen der Traum von der Weltumrundung. Ein Kreuzfahrtschiff ist für dieses Unternehmen das komfortabelste Transportmittel, entfällt doch ständiges Kofferpacken und -schleppen, das Ein- und Auschecken, lauern keine unbekannten Gefahren. Die Wahl des geeigneten Schiffs spielt, mehr noch als die Reiseroute, eine wichtige Rolle. Schließlich soll es das Zuhause für mehrere Monate werden. Großer Beliebtheit beim deutschen Publikum erfreut sich das moderne First-Class-Schiff Amadea, das in 126 Tagen die Welt umrundet und dabei 58 Häfen anläuft. Bordsprache ist Deutsch, bei maximal 600 Gästen kommt schnell eine familiäre Atmosphäre auf. Für Unterhaltung und Abwechslung an Bord ist gesorgt: Die Amadea ist mit Spa, Beautysalon und einem Fitnesscenter ausgestattet. Die Bibliothek, das japanische Teezimmer und der Aussichtssalon bieten ausreichend Rückzugsmöglichkeiten. In den beiden Restaurants gibt es nur jeweils eine Sitzung bei freier Sitzwahl. Fünf Bars sind die geselligen Zentren. Man muss auch nicht das Überseegepäck mitnehmen, da eine Wäscherei an Bord ist. Von Nizza aus geht es nach Madeira und über den Atlantik in die Karibik und nach Kolumbien. Die Route führt durch den Panama-Kanal und dann nördlich an die kalifornische Küste. Von dort sticht die Amadea in den Pazifik nach Hawaii, weiter nach Japan und hangelt sich die prominenten Häfen im Fernen Osten entlang. Über Thailand, Indien, die Arabische Halbinsel und durch den Suezkanal erreicht man schließlich das Mittelmeer, bis die Reise in Nizza zu Ende geht. Einmal um die ganze Welt – und idealerweise die Taschen voller Geld: Zwischen rund 22 500 und 68 000 Euro kostet die Reise je nach Kabinen-Kategorie, hinzu kommen Trinkgelder, Bargetränke und Landausflüge. Die Amadea hat übrigens noch einen weiteren wichtigen Job: Seit 2015 spielt sie das »Traumschiff« des ZDF (siehe S. 113).

Amadea
Zielgebiet: Rund um die Welt
Buchung: Phoenix Reisen, Tel. 02 28/92 60-0, www.phoenixreisen.com oder im Reisebüro

08 Segeln in die Seligkeit

Inselhüpfen auf den Seychellen kommt der Vorstellung vom Paradies auf Erden ganz nah.

Für Fernwehsüchtige sind die Seychellen das Sehnsuchtsziel schlechthin. Die Inselgruppe im Indischen Ozean betört durch zeitlose Schönheit und ökologische Unversehrtheit. Die 115 Granit- und Koralleninseln sind Lebensraum für einige seltene Spezies an Flora und Fauna, darunter die berühmte »Riesen-Doppelnuss« Coco-de-Mer, die auf der Insel Praslin beheimatet ist. Die Sea Bird, ein in Holland gebauter Zweimastschoner mit neun Kabinen, ist das ideale Transportmittel zum Inselhüpfen und zum Kennenlernen traumhafter weißer Sandstrände, hinter denen üppige Tropenwälder wuchern. Zur neunköpfigen Besatzung der Sea Bird gehört ein Tauchlehrer, der die Gäste zu den schönsten Tauchgründen in den Seychellen führt.

Sea Bird
Zielgebiet: Seychellen
Buchung: Silhouette Cruises,
www.seychelles-cruises.de oder
bei Dertour, www.dertour.de

09 Globetrotter-Feeling

Mit dem Frachter ein unverfälschtes Stück Polynesien kennenlernen.

Der Weg ist das Ziel, wenn die Aranui 3 in Tahiti zu ihrer zweiwöchigen turnusmäßigen Reise zu den Tuamotu- und Marquesas-Inseln aufbricht. Das kombinierte Passagier- und Frachtschiff ist für die Bewohner der beiden Archipele die einzige Verbindung zur Außenwelt – und für die maximal 100 Passagiere das ideale Gefährt, die weltverlorenen Weiten des Pazifiks kennenzulernen. Als Unterkünfte stehen ein klimatisierter Schlafsaal mit Etagenbetten, aber auch Kabinen und Suiten zur Auswahl. Bei den Ausflügen zu den Inseln, die mit ihren Hochplateaus, Wasserfällen und schwarzsandigen Buchten von großem Reiz sind, erleben die Gäste die Südsee von ihrer ursprünglichsten Seite, fernab des Tahiti-Glamours. Die Marquesas-Insel Hiva Oa hat es als Rückzugsort von Paul Gauguin, dessen Porträts von Inselschönheiten zum Markenzeichen wurden, und Chansonnier Jacques Brel zur Bekanntheit auf dem Globus gebracht.

Aranui 3
Zielgebiet: Südsee
Buchung: UC Unlimited Cruises, Rheinstr. 1–5, 63225 Langen, Tel. 0 61 03/706 46 14, www.unlimited-cruises.com, oder bei Reiseveranstaltern, z.B. FTI Reisen

10 Magie unterm Halbmond

Bei einer »Blauen Reise« an Bord eines traditionellen Gület zeigt sich die türkische Mittelmeerküste von ihrer schönsten Seite.

Schon Kleopatra segelte – in einer Wolke aus Weihrauch – die lykischen Gestade entlang. Zusammen mit Marc Anton, der ihr die gesamte Region zur Hochzeit spendierte, flitterte sie in stillen, tiefblauen Buchten, über denen die frühjährlich schneebedeckten Gebirgszüge des Taurus thronen.

Gut 2000 Jahre später schlägt diese magische Landschaft noch immer Menschen in ihren Bann. So auch uns – bereits das dritte Jahr in Folge segeln wir auf einem der dickbauchigen Schiffe aus widerstandsfähigem Pinienholz von Bucht zu Bucht, um den Landstrich zwischen Bodrum und Antalya etappenweise zu erkunden. Genauer gesagt: Wir lassen segeln. Denn die 24 Meter langen Gület, wie diese Schiffe genannt werden, kann man wochenweise chartern, inklusive drei Mann Besatzung: Kapitän, Koch und Matrose. Hochsportlich ist die Unternehmung nicht. Sonnen, Schwimmen, Paddeln, Lesen, Futtern, Feiern – und das in wechselnder Reihenfolge, so sehen sie aus, die Tage an Bord. Ab und zu ein kleiner Landgang ins nächste Dorf oder auf einen Hügel, um dem Abend-

licht beim Schwinden zuzusehen. Drum herum jede Menge Kultur, denn alle 300 Meter (so scheint es) warten Tempelreste, antike Stätten oder anderweitig altes Gestein. Griechen, Römer, Perser und Osmanen hinterließen ein vielfältiges Erbe.

Die Gület-Reisen in dieser Region sind unter dem Namen »Blaue Reise« bekannt. »Erfunden« hat ihn der 1890 geborene türkische Schriftsteller Cevat Şakir, der im Jahr 1925 wegen eines regierungskritischen Zeitungsartikels vom Istanbuler Militärtribunal ins Exil nach Bodrum geschickt wurde. Doch die als Strafe gedachte Maßnahme entpuppte sich für Şakir als Belohnung. Er blieb auch nach Ende seines Arrests, zeigte befreundeten Künstlern auf zahlreichen Gület-Reisen die Schönheiten seiner »blauen« Heimat. Lange galt die »Blaue Reise« als Geheimtipp, bis in den 1980er-Jahren ein Gület-Boom einsetzte und bis heute nicht mehr endete.

Die Reise führt zu Buchten und an weiten Sandstränden entlang, an denen geschützte Caretta-Schildkröten brüten. Zu Fischerdörfern wie das verschlafene Symena und quirligen Städten wie Marmaris. Dazwischen Pinienwälder, Orangenplantagen und Zitronenhaine. Am sieben Kilometer langen Istuzu-Traumstrand wirft der Kapitän den Anker. Dahinter versteckt sich das Schilf-Delta des Dalyan-Flusses mit seinen bekannten Fel-

Schönes Exil

In Bodrum sind noch die Über-reste des Grabmals des Königs von Karien, Mausolos, zu sehen. Daher stammt auch der Name Mausoleum. Quicklebendig dagegen das Bordleben auf dem Gület. Nach ereignisreichen Landausflügen ist an Bord geselliges Relaxen angesagt.

sengräbern. Östlich des Orts Fethiye liegt die türkisfarbene Lagune von Ölüdeniz, das wohl meistfotografierte Motiv des Landes. Einsam ist man dort zwar nicht, doch die Realität übertrifft alle Hochglanzpostkarten.

Ein typischer Tag an Bord? Wenn morgens die ersten Sonnenstrahlen durchs Bullauge blinzeln, gilt es, eine Entscheidung zu tref-fen: noch vor dem Frühstück ins frischkühle Blaugrün springen oder erst danach? Immer-hin spart so ein Platscher ins salzige Nass die Morgendusche und macht bedeutend mehr Spaß. Wo hat man das schon, direkt vom Bett aus ins Meer zu fallen? Na also. Rein in die Ba dehose und locker über die Reling schwingen. Wenn die Wellen zusammenschlagen, ist man wirklich angekommen im Blau der »Blauen

Reise«, näher kann man den schillernden Fluten nicht rücken. Ein paar Schwimmzüge hinaus in die Bucht oder zum menschenlee-ren Strand – da ist es wieder, das Kleopatra-Gefühl: Angesichts dieser Szenerie sind auch Könige ganz sicher, den besten Urlaub der Welt erwischt zu haben. Bis der Magen knurrt.

Saftige Melonen und Tomaten, frischer Schafs käse, Joghurt, Oliven und Sesambrot machen uns zu Fans des türkischen Frühstücks. Dazu ein Mokka oder Çay, aromatischer Schwarzer Tee, während der Kapitän die Anker lichtet und sein Schiff mit dem Halbmond auf der klatschmohnrot wehenden Flagge vorbei an kleinen, unbewohnten Inseln steuert. Bis zum nächsten Bade- oder Kulturstopp. Mittags und abends wird frisch gekocht. Dann gibt es

eine Vielfalt von Vorspeisen, Meze genannt, und Fisch- oder Fleischspieße, draußen am Esstisch unterm Schattendeck, der Koch zieht alle Register der Mittelmeerküche, die zu den weltbesten gehört. Wenn die Sonne schräger steht, gibt's nochmal Çay, diesmal mit Keksen, und zur Blauen Stunde freuen sich alle über frisch gemixte Cocktails. Danach wird gegrillt oder man besucht eines der kleinen Hafenlo-kale zur Rakı-Tafel mit Fasıl-Musik. Am Ende eines solchen Tages ist man einfach nur noch eins: glücklich.

Gület
Zielgebiet: Türkische Mittelmeerküste
Buchung: www.blauereise.eu,
www.bluecruise.org,
www.guletyacht.de

Ruhig
im Fluss

| | Mythos Mekong

Die »Mutter aller Wasser« gibt sich mal träge, mal ungestüm. Eine Reise mit der im Boutique-Stil gebauten Mekong Sun gibt den Blick auf ein faszinierendes Stück Indochina frei – und bleibt trotz aller asiatischer Gelassenheit vom ersten bis zum letzten Tag ein packendes Abenteuer.

Text: Peter Kunz

Für die Nacht hat der Kapitän eine kleine Sandbank in der Flussbiegung ausgespäht; eingekeilt zwischen steilen, mit Urwald bewachsenen Felsen. Selbst hier in Nord-Laos ist die unbändige Kraft noch spürbar, die dem Mekong Hunderte Kilometer weiter oben vom Gefälle des Himalaya mit auf den Weg gegeben wurde. Dort, wo der Fluss sich aus vielen oft kaum zugänglichen Rinnsalen zusammensetzt. Die eigentliche Quelle des Mekong, des sicherlich legendärsten unter Asiens Strömen, blieb deshalb lange ein Rätsel.

Feiner, weißer Sand rinnt durch die Hand. Das vom Wasser mitgerissene, einst grobe Geröll ist zu Staub geschliffen wieder aufgetaucht und hat unseren romantischen Ankerplatz geformt. Die Füße wandeln darauf wie über ein weiches Kissen. Milliarden Sandkörner nutzen die Windung des Flusses für eine Rast oder wurden an dieser Stelle aus der Kurve geschleudert. Der Mekong ist ein Frachtbetrieb für guten Boden. Seine Schwemmerde sichert Bauern die Lebensgrundlage und hält das Delta in Vietnam fruchtbar. Die Sandbänke unterwegs, die Umladestationen, wechseln fast täglich ihre Form.

In Millionen von Jahren hat die Strömung Felsklippen zu Klingen gewetzt. Bei Hochwasser verstecken sie sich im tropisch brauntrüben Nass und können Rümpfe zerschneiden. Bei Niedrigstand ragen sie wie messerscharfe Zacken überall auf und stellen sich Booten in den Weg. Respekt einflößende, schwarz glänzende Wächter über den Mekong und seinen eigenen Fluss von Zeit. Wer sagt eigentlich, Steine würden nicht leben? Die Laoten zumindest sind der festen Überzeugung, dass

Auf dem Mekong fühlt man sich wie ein Pionier aus der Zeit, als Indochina französische Kolonie war.

Ein Mann, ein Fluss

»Lernidee«-Inhaber Hans Engberding über Fluss-Faszination, Sehnsuchtsziele und Akademiker ohne Allüren

Wie kommt es, dass Sie Ihr Herz an den Mekong verloren haben?

Hans Engberding: Eigentlich war ich an Flüssen nicht sonderlich interessiert. Bis zu dem Besuch bei einem chinesischen Geschäftspartner, der mich zu einer Stelle am Mekong brachte, die gerade für den Schiffsverkehr

freigesprengt worden war. Ich hatte noch nie so einen wilden Fluss gesehen und war absolut fasziniert: von seiner enormen Fließgeschwindigkeit, vom extremen Gefälle auf seinem langen Weg in Richtung Süden, von den Stromschnellen, den Wasserfällen und den rasanten Kurven, mit denen er unüberwindliche Hindernisse umschlingt. Im Vergleich dazu sind Amazonas, Nil oder Donau behäbig.

Was hat Sie bewogen, selbst Schiffe zu bauen und was war bei diesem Projekt Ihre größte Herausforderung?

Nachdem es auf dem oberen Mekong keinen Schiffsverkehr gab, reizte es mich ungeheuer, das Reisen auf diesen unbekannten Wegen möglich zu machen. Natürlich hatte ich keinerlei Erfahrung, wofür ich manches Lehrgeld bezahlen musste. Das erste Schiff war ganz einfach zu groß und vollkommen untauglich. Wegen des lautstarken Motors nannte man es „Panzerkreuzer Hans". Beim zweiten Anlauf, der heutigen Mekong Sun, vertraute ich vietnamesischen Schiffsbauern, die mithilfe der Jahreszeiten arbeiten: Der im April auf einer Sandbank in Luang Prabang konstruierte Rumpf trieb bei steigendem Wasserstand 20 Kilometer weiter nach Süden, wo Fachleute im August den Innenausbau ergänzten. Eine der größten Herausforderungen war die Suche nach einer Versicherung. Keiner wollte

dem Fluss trauen. Erst der neunte Versuch war erfolgreich.

Was empfehlen Sie als »Einsteigerreise«?

Eine Reise von der Weltkulturerbe-Stadt Luang Prabang bis zum Goldenen Dreieck. Hier gibt es am Ufer des Mekong noch viel zu entdecken. Viel Authentisches, Natürliches, Unverfälschtes.

Betrachten Sie die Staudamm-Projekte der Chinesen mit Sorge?

Als Geologe sehe ich die Dinge nüchtern. Staudämme können auch dabei helfen, den Wasserstand – je nach Bedarf und Jahreszeit – besser zu regulieren.

Wie muss man sich den typischen »Lernidee«-Gast vorstellen?

Als Akademiker ohne Allüren, als Kulturreisender, der eine gute Organisation zu schätzen weiß. Es sind viele Menschen darunter, die normalerweise Wert auf Fünfsterne-Facilities legen, doch zugunsten einzigartiger Abenteuer bereit sind, auf den gewohnten Luxus zu verzichten. Zum Beispiel auf den Zugreisen an Bord des legendären Rovos Rail in Südafrika. »Lernidee« chartert den Zug mehrmals im Jahr komplett, um den Gästen keinen Krawattenzwang aufzuerlegen. Was ihnen offensichtlich Spaß macht, ist, nach individuellem Fahrplan in staubigen Dörfern Halt zu machen und den Bewohnern einen Brunnen zu schenken.

Wie viel Zeit verbringen Sie mit Scouting und welche sind Ihre Sehnsuchtsziele?

100 Tage des Jahres begleite ich meine Gäste auf diversen Reisen, 100 Tage bin ich auf der Suche nach neuen Herausforderungen, die restliche Zeit verbringe ich in Berlin. Meine neuen Zielgebiete sind Nordsibirien, Myanmar und wenig bereiste Teile des Amazonas. In allen Fällen geht es um ungewöhnliche Schiffsreisen. Züge sind oft kostspieliger beziehungsweise als Streckennetze absolut rückläufig.

Was haben Sie auf Reisen immer dabei?

Mindestens drei Bücher für unterschiedliche Stimmungen: ein historisches, ein anekdotisches, ein Sachbuch. Immer passend zum Reiseziel. Viel mehr passt nicht ins Gepäck – Ich reise mit einem Lufthansa-Bordkoffer. Kein Problem, seit man selbst in Laos Schuhe in Größe 46 kaufen kann. Darüber hinaus reise ich gerne in Begleitung von Freunden. Man kann Erlebtes teilen und fühlt sich auch sicherer, wenn man große Geldbeträge mit sich führt.

alle Dinge beseelt sind. Wir sind erst 36 Stunden unterwegs. Aber Uhren haben bereits ihren Sinn verloren, und eine Landkarte ist eher nutzlos für jeden, der die Straße verlässt und sich der »Mutter aller Wasser« ausliefert. So anspruchsvoll lässt sich der ursprüngliche Name »Mae Nam Khong« übersetzen. Die Wörter sind durch langen Gebrauch ebenfalls fein gerieben worden, zur Kurzform Mekong.

Orientierung ist das A und O jeder Reise, verlässliche Wegmarken sind die beste Sicherheitspolice. Aber woran kann man sich auf einem fast 5000 Kilometer langen Strom hal-

ten? In großen Abschnitten gebärdet sich der Mekong ruhig, träge und beinahe schon langweilig, passt sich in der Ebene der fehlenden geografischen Herausforderung an. Zur anderen Hälfte, auf den Gebirgsstrecken, kommt er allerdings so wild und trügerisch daher wie die unzivilisierteste Ururgroßmutter aller Flüsse. Der Mekong zwischen Tibet und dem Goldenen Dreieck, auf seinem Weg durch China und Laos, an Thailand vorbei – und

Spannender als Kino: Wenn das Schiff am Ufer anlegt, kann man das muntere Treiben auf dem Fluss beobachten.

✦✦✦

später noch an den Stromschnellen in Kambodscha – kann fauchen und schäumen wie ein Flussdinosaurier. Hat man Glück, stehen Nachkommen der Mammuts am Ufer und trompeten dazu. Wilde Elefanten, die hier tatsächlich noch die Wälder durchstreifen.

Die Geräusche der Dunkelheit

Unsere Sandbank als Quartier für eine Nacht lädt zum Landgang ein. Aber wir werden doch Gefangene des Flusses bleiben. Kein Pfad führt vom Ufer in das dichte Grün dahinter. Es ist noch nicht einmal ein Ufer erkennbar. Stattdessen erheben sich Äste und Blätter zu einer Steilwand und scheinen vor dem Fels zu schweben. Die flachen Strahlen der späten Nachmittagssonne formen über der kleinen, angeschwemmten Halbinsel das Gitter eines goldenen Käfigs. Bald fällt der Liegeplatz in den Schatten, und Vögel und Insekten bereiten sich auf die Nacht vor. Die Tonart des Dschungels wechselt. Die Geräusche der Dunkelheit ziehen herauf, während der Bergrücken gegenüber noch einmal in verschwenderischem Gold aufleuchtet.

Von Bord der Mekong Sun aus gesehen, mit einer Flasche »Beer Lao« in der Hand, ist all das großes Kino, genossen aus einer exklusiven, mit Planken versehenen Loge. Als hätte die Schöpfung Scheinwerfer aufgestellt. Und als wäre das Kabinenschiff Mekong Sun die Arche Noah, ihre Besatzung und ihre Passagiere die

einzigen Menschen in der unberührt erscheinenden Landschaft.

Die Gangway wird ausgeworfen, die Köche wechseln von der Kombüse zum Grill unter freiem Himmel. Man beginnt, hellwach zu träumen. Wie wäre es, wenn man das Schiff an dieser Stelle den Berg hoch durch den Urwald zöge, hinüber in eine vielleicht noch unbekannte Welt? Ein »Fitzcarraldo« auf dem Mekong. So hatte ich mir das vor Jahren gedacht, als ich zum ersten Mal hier unterwegs war und mich die Kulisse schon atemlos ließ. Ein Dampfer müsste her, mit dem man den wildromantischen Teil des Flusses entdecken könnte. Damals war das noch eine Fantasie.

Man schlief stattdessen auf dem Boden der einheimischen Langschiffe, die auch jetzt noch für den Transport von Schweinen, Mopeds, Bier und Rucksacktouristen eingesetzt werden. Es gab noch keine Mekong Sun.

Und jetzt? Die Mekong Sun braucht keine Werbung, sie fährt außer Konkurrenz. Ein Holzschiff, ein wenig klobig, mit Liebe zum Detail ausstaffiert. Ein Abenteurerboot mit einem milden Hauch von Luxus. So eine Kombination ist sonst nicht zu finden für Flussreisende zwischen den Schluchten der chinesischen Provinz Yunnan und der weiten Fläche im südlichen Laos, wo der Mekong sich ausbreiten kann. Natürlich gibt es immer

mehr gediegene Unterkünfte an Land. Immer öfter auch welche mit vier oder sogar fünf Sternen, seit der Mekong als Reiseziel salonfähig wird. Aber das ganz große Erlebniskino wird nur auf diesem Schiff geboten. Vorne, in der Kabine vor Kopf, gleich unterhalb des Steuerhauses. Es ist die einzige mit einem Doppelbett. Und mit einer breiten Panoramascheibe. Niemand verstellt einem die Sicht, während im Liegen Asien vorbeizieht.

Der Laote aus der DDR

Man muss ein bisschen verrückt sein oder außerordentlich begeistert, um ein Projekt wie die Mekong Sun durchzuziehen. So sieht es jedenfalls Oth, der Schiffsmanager. Der Laote Oth spricht hervorragend Deutsch, hat in einem früheren Leben in der DDR Telekommunikation studiert und als Gewährsmann für den deutschen Investor den Schiffsbau begleitet. Auf der landschaftlich schönsten Passage, hieß es lange, sei der Mekong für Boote ab einer gewissen Größe nicht mehr schiffbar. Oth und seine Leute traten an, das Gegenteil zu beweisen. Ihre Jungferntour auf dem ersten tauglichen Kabinenboot, nach vielen Fehlversuchen, glich, so erzählt er, einer Achterbahnfahrt. Südlich von Jinghong in China wurde das Schiff viel zu schnell, raste durch die Stromschnellen und schlug beinahe gegen eine Felsformation. Kinokulisse hin oder her: Der Mekong ist echt, ungezähmt und wild. Im oberen Drittel beherrschen Wirbel und mit den Jahreszeiten wechselnde Untiefen das Fahrwasser. Mekong-Kapitäne dürfen sich keine Unaufmerksamkeit leisten. Auf der Fahrt vom Goldenen Dreieck, von der thailändisch-laotischen Grenze nach Süden, zeigt uns Oth Stellen, an denen in den vergangenen Jahren Langboote auf Grund liefen oder zerschellten.

Kapitän Khampan schaut ruhig und konzentriert auf den Horizont, eine Teetasse vor sich. 30 Jahre navigatorische Erfahrung ohne gefährliche Vorkommnisse sprechen für ihn. Auf der Brücke, die immer mit zwei Mann besetzt ist, regiert die für Laos so typische Ge-

1 Diese Jungs gehören der Volksgruppe der Khmu Mou Khmer an, einer ethnischen Minderheit in Laos. Ihre Fröhlichkeit ist ansteckend, ihre Herzlichkeit echt.

2 Stimmungsvolle Atmosphäre auf dem Nachtmarkt von Luang Prabang. Lampions sind beliebte Souvenirs und passen ordentlich gefaltet gut ins Reisegepäck.

3 Barbecue-Dinner mit Lagerfeuer-Romantik am Mekong-Ufer bei Tha Noun. Die Crew der Mekong Sun versteht es, die Gäste immer wieder aufs Neue zu überraschen.

Baci-Zeremonie: Die Schnüre und Knoten symbolisieren den Zusammenhalt von Seele, Familie und Universum.

lassenheit. Es ist das Temperament des ganzen Landes: Was heute nicht kommt, kommt morgen. Im Gegensatz zum Mekong ist das Leben tatsächlich ein langer, ruhiger Fluss.

Vom kleinen Altar im Steuerhaus wacht der Buddha über die Geschicke der Menschen auf dem Strom. Assistiert von der Kraft des Schamanenzaubers aus den Familien von Kamphan und Oth: Zwei mit Energie aus anderen Welten aufgeladene Amulette baumeln über dem schönen altmodischen Steuerrad. Und um den laotischen Sicherheitsstandard zu komplettieren, besänftigt Oth bei der Vorbeifahrt an heiligen Felsen die Dämonen, indem er kleine Bananen als Opfer ins Wasser wirft und die nötige Beschwörungsformel dazu murmelt. In der Volksrepublik Laos glaubt man ein wenig noch an Marx – und ganz inbrünstig an Buddha sowie das Schattenreich der guten und der bösen Geister. Die heilige Dreifaltigkeit, mal anders. Die Mekong Sun legt an den Höhlen von Pak Ou an. Extra für uns. Gewöhnlich macht sie fest am Ufer gegenüber, dann kommen kleine Kähne angefahren und schiffen die Passagiere hinüber zur Besichtigung der eindrucksvollen Höhlen, die der Buddhaverehrung gewidmet und am besten vom Fluss erreichbar

sind. Heute ist das Programm speziell. In der oberen Kaverne, die sich im Inneren zu Kathedralenformat ausweitet, wird eine Baci-Zeremonie vorbereitet.

32 Seelen pro Mensch

Der sichtbare Teil des Baci (ausgesprochen: baasi) sind kleine Schnüre um das Handgelenk, angelegt von Freunden, Verwandten oder – in unserem Fall – von wohlwollenden Dorfbewohnern und Mitgliedern der Großfamilie unseres Kapitäns. Die Schnüre symbolisieren Verbundenheit. Das, was Familien, das Universum und vor allem die Seelen zusammenhält. Denn nach dem Glauben der Laoten wohnen in jedem Menschen 32 Seelen, jede für andere Teile des Selbst und unterschiedliche Gemütszustände mitverantwortlich. Ein ganzer Mensch kann nur jemand sein, dessen

Seelenmannschaft an ihn gebunden bleibt, ohne auf Abwege oder Wanderungen zu gehen. Daher die Baci-Schnüre und die Knoten, mit denen sie befestigt werden. Die Kordeln halten das Ich beieinander. Kaum jemand würde in Laos auf Reisen an einen anderen Ort gehen oder auf die Reise in einen neuen Lebensabschnitt, ohne sich mit einer Baci-Zeremonie darauf vorzubereiten. Zur Hochzeit gibt es das Baci, vor einer notwendigen, schwierigen Operation – oder bevor jemand auszieht, die Welt zu erobern. Uns Flusspassagieren wünschen die Einheimischen viel Glück, Gesundheit und alles Gute für den Rest der Reise.

Als wir die vielen Treppen von der Höhle zum Schiff wieder hinabsteigen, tragen wir zwei Dutzend Schnüre um jedes Handgelenk. Sie

Buddhas am Fluss

Bei Luang Prabang, an der Mündung des Nam Ou in den Mekong, liegen die Kalksteinhöhlen von Pak Ou. Von der Mekong Sun wird man mit Kähnen zum Höhleneingang gerudert. Unzählige buddhistische Statuen in allen Größen und Macharten sind hier aufgereiht. Sie wurden von Gläubigen gestiftet.

dürfen nicht entfernt werden, sie dürfen sich nur irgendwann von selbst ablösen. Sie gehen mit unter die Dusche, schlafen im selben Bett, kampfen lange nach der Rückreise vom Mekong mit der Hemdmanschette um Platz unter der Anzugjacke.

Ökumene à la Mekong

Wir sind schließlich mehr als beschwipst, als wir mit unserer Baci-Gästeschar und unter Begleitung der Dorfkapelle auf die Mekong Sun zurücktanzen. Denn in Laos wird hervorragendes Bier gebraut und ein teuflischer Schnaps gebrannt, auf den bei keinem Ritual verzichtet werden kann. Daher ist die Baci-Weihe gewöhnlich in zwei Teile geteilt: Teil eins ist eine buddhistische Segnung durch die Mönche, die, deren Askese entsprechend, ohne Fleisch oder Alkohol auskommen muss. Unmittelbar darauf folgt die Einweisung durch den lokalen Schamanen, wo dann beides angemessen geopfert und genossen wird. So wird am Mekong Ökumene zelebriert, um zu verhindern, dass einer von allen guten Geistern verlassen wird.

Als sich die Mekong Sun wieder in Bewegung setzt, brausen fünf Mönche auf dem Fluss an uns vorbei. Aufrecht hintereinander sitzend in einem Longtail-Rennboot, einem dieser pfeilschnellen, mit PS-starken Automotoren ausgestatteten Flusstaxis, die sich schon von ferne durch einen Höllenlärm bemerkbar machen. Die Longtails, die nicht überall auf dem Fluss erlaubt sind, kutschieren Einheimische,

Nur keine Hektik

Im Gegensatz zum Fluss mit seinem ungestümen Temperament ist der Kapitän die Ruhe in Person. Hektische Betriebsamkeit ist der fernöstlichen Seele fremd. Besonnen und dennoch konzentriert geht der Steuermann seiner Arbeit nach, die Passagiere fühlen sich unter seiner Obhut vom ersten Moment an sicher.

Touristen, Kinder, Hunde und Kleinvieh zum Markt. Der Mekong ist eine äußerst belebte Wasserstraße, selbst da, wo er nach der klassischen Vorstellung von Bootsverkehr kaum schiffbar wäre. Der Pilot des Mönchstransports trägt einen Integralhelm und lenkt sein fragiles Projektil mithilfe einer langen Stange, die mit der nach hinten ausgelegten Schiffsschraube verbunden ist. Wenn ein Longtailboot verunglückt, wird das Wasser beim Aufprall zu Stahlbeton.

Die Mekong Sun dagegen liebt es gemächlicher. Und bringt mit ihrer Heckwelle nicht gleich jeden Einbaum in Bedrängnis oder gar zum Kentern. Vor unserer Sandbank kräuselt sich das Wasser. Irgendetwas stemmt sich flussaufwärts gegen den Strom. Vielleicht zieht dort lautlos der Mekong-Riesenwels seine Bahn, ein Urvieh von Fisch, der drei Meter

lang und bis zu 300 Kilo schwer werden kann. Manchmal wird einer von ihnen gefangen.

Röst-Zikaden zum Frühstück

Auf der Freilichtbühne geht inzwischen der Vollmond auf. Ich liege auf dem Sand, den Blick nach oben, Arme und Beine entspannt ausgestreckt. Am nächsten Morgen wird mich Kapitän Kamphan zu einem Ehrenfrühstück einladen, zu gerösteten Zikaden, die die fröhliche Crew bei jedem Stopp einsammelt. Alle Prachtexemplare von fünf bis sieben Zentimeter Länge sind dem Schiffsführer vorbehalten. Pures Eiweiß, Nussgeschmack – und unter normalen Umständen sicher nicht Teil meines Speiseplans. Aber Kreuzfahrer waren immer schon unterwegs, um Neuland zu erobern. Oder? Ich lasse das gute Frühstück der Mekong Sun also am nächsten Morgen für einen Teller knuspriger Zikaden stehen.

Fünf Schiffe für das besondere Flusserlebnis

Seit nunmehr 30 Jahren organisiert der Berliner Spezialveranstalter »Lernidee Erlebnisreisen« ausgefallene Entdeckerreisen in alle Welt. Der Mekong ist einer der spektakulärsten und faszinierendsten Flüsse der Welt. Auf 4800 km bildet er die Lebensader Südostasiens und fließt dabei durch die Naturräume und Kulturkreise von sechs Ländern: China, Myanmar, Laos, Thailand, Kambodscha und Vietnam. »Lernidee Erlebnisreisen« widmet dem Mekong einen ganzen Katalog »Flusskreuzfahrten auf dem Mekong«. Im Einsatz sind fünf kleine, im Kolonialstil gebaute Boutique-Schiffe.

Die Schiffe
Mekong Sun
Baujahr: 2006
Kapazität: 14 klimatisierte Kabinen auf zwei Decks, mit privater Dusche und Toilette
Maximale Gästezahl: 28

Jayavarman
Baujahr: 2009
Kapazität: 27 klimatisierte Kabinen auf zwei Decks, alle in Außenlage und mit eigenem Balkon, Dusche/WC. Die Jayavarman ist das erste Boutique-Schiff der Region
Maximale Gästezahl: 65

Mekong Pandaw
Baujahr: 2003
Kapazität: 22 klimatisierte Kabinen auf zwei Decks, alle sind Außenkabinen und haben französische Fenster
Maximale Gästezahl: 44

Prestige II
Baujahr: 2014
Kapazität: 32 klimatisierte Außenkabinen auf zwei Decks mit jeweils zwei großen Panoramafenstern, ständige Begleitung durch eine Deutsch sprechende Reiseleitung
Maximale Gästezahl: 64

Toum Tiou II
Kapazität: 14 klimatisierte Kabinen auf zwei Decks mit Veranda und Dusche/WC und sehr familiärer Atmosphäre
Maximale Gästezahl: 28

Die schönsten Reisen
Lotosblüte: 8-tägige Flusskreuzfahrt auf dem Mekong von Vietnam nach Kambodscha. Höhepunkte: Tempelanlagen von Angkor Wat, schwimmende Dörfer auf dem Tonle Sap-See,

Die Mekong Sun macht an einer Sandbank fest. Die buddhistischen Mönche sind Fremden gegenüber sehr aufgeschlossen.

Kolonialflair und Khmer-Architektur in Phnom Penh

Orchidee: 15-tägige Erlebnisreise zwischen Thailand und Laos inklusive einer Flusskreuzfahrt von Vientiane bis zum Goldenen Dreieck. Höhepunkte: Flusskreuzfahrt durch eine ursprünglichen Flusslandschaft, Besuche abgelegener Dörfer entlang des Mekong, die Königsstadt Luang Prabang

Unesco-Welterbetour: 18-tägige Erlebnisreise nach Laos, Kambodscha und Vietnam inklusive einer 7-tägigen Flusskreuzfahrt auf dem wilden, oberen

Mekong-Abschnitt in Nord-Laos. Höhepunkte: Angkor Wat in Kambodscha, Halong-Bucht in Vietnam, Luang-Prabang in Laos

Asiens Ströme, Asiens Zauber: 19-tägige Erlebnisreise durch Laos, Kambodscha und Myanmar mit Mekong-Kreuzfahrt durch Nord-Laos ins Goldene Dreieck. Höhepunkte: Angkor Wat, die Tempelanlagen von Bagan in Myanmar, Luang Prabang, Kuang Si-Wasserfälle

Info & Buchung
Lernidee Erlebnisreisen, Kurfürstenstraße 112, 10787 Berlin, Tel. 0 30/786 00 00, www.lernidee.de

Strom des Lebens

Der Nil ist die Lebensader Ägyptens, die Mehrheit der Bevölkerung wohnt am Ufer des großen breiten Flusses. Die zahlreichen Nilkreuzfahrtschiffe und die traditionellen ägyptischen Segelschiffe, die Felucken, sorgen für regen Verkehr auf dem Wasser.

12 Die blinde Passagierin

Bereits als Kind hat Anette Paul ihr Augenlicht verloren. Doch fremde Länder haben sie schon immer begeistert. Wie fühlt sich so eine Nilkreuzfahrt an, wenn es nichts zu sehen gibt?

Beginnen möchte ich mit einigen Bemerkungen, die gar nichts mit unserer Nilkreuzfahrt zu tun haben: Stundenlanges Autofahren ist für mich das Langweiligste, was man sich vorstellen kann. Andere schauen aus dem Fenster. Ich nicht. Ich bin blind. Dabei reise ich sehr gern, wobei ich eigentlich durchorganisierte Reisen vermeide. Eine der eindrücklichsten Reisen meines Lebens waren die Wochen, die mein Mann und ich vor 25 Jahren auf Haiti verbrachten. Wir hausten damals in einer sehr armen Gegend und kamen sehr eng mit den Menschen in Kontakt. Mein Mann hatte dort Freunde. Das ist genau mein Stil und die Haitireise wirkt bis heute sehr positiv in mir nach.

Das Thema Kreuzfahrt stand bei uns schon seit Längerem immer mal wieder zur Diskussion. Mein Mann hatte sich so etwas immer gewünscht. Ich konnte leider nur abwinken, weil ich beim leisesten Schaukeln seekrank werde. Außerdem war mir nicht klar, wie ich mich auf einem der großen modernen Hochseeschiffe zurechtfinden würde. Aber mein Mann ließ nicht locker, suchte nach einer für uns beide passenden Lösung. Als er schließlich Ägypten und eine Kreuzfahrt auf dem Nil vorschlug, war ich ganz angetan. Die fremde Kultur Ägyptens lockte mich, auf eine Fahrt auf dem Rhein oder auf der Donau hätte ich wohl verzichtet. Auch wenn dies die erste Kreuzfahrt meines Lebens war, ich musste nicht groß überzeugt werden, weil ich gespannt und neugierig war. Und um es gleich vorweg zu sagen: Ich habe es auch nicht bereut.

Ich bin 51 Jahre alt und arbeite seit 22 Jahren als Sozialpädagogin in der Beratungsstelle des Blinden- und Sehbehindertenverbandes in Bremen. Ich bin verheiratet und habe drei Söhne. Die älteren sind 27 und 25 Jahre alt, der jüngste war zu dem Zeitpunkt, als wir den Nil bereisten, 16 Jahre alt. Ihn nahmen wir mit. Zu meinen Freizeit-Vorlieben: Ich gehe gern und oft schwimmen und fahre auch gern Fahrrad – auf dem Tandem hinter meinem Mann. Da ich schon als Kleinkind erblindete, habe ich keine Vorstellungen von Farben oder von Hell und Dunkel. Unser Schiff war die Nile Smart, ein eher kleines Schiff mit fünf Decks und 63 Kabinen. 74 Crewmitglieder sorgten für uns. Einschiffung und Ausschiffung war in Luxor, mit den Zwischenstationen Kom Ombo, Edfu und Esna.

Als wir in Luxor ankamen, hatten wir schon vier Tage Kairo hinter uns. Eine wüste, laute Stadt! Ich kann mich noch gut an den Basar erinnern, an seine Geräusche und Gerüche und die vielen Dinge, die man dort anfassen konnte. Berühren und anfassen ist für mich ganz wichtig, zum Tal der Könige kann ich daher wenig sagen: Man geht auf einer Art

Tipps für blinde Reisende auf Kreuzfahrten

Wichtig ist, sich gleich zu Beginn das Schiff zu erarbeiten. So viele Wege wie möglich abgehen und einprägen, sich so eine Orientierung verschaffen.
Wichtig ist auch, sich im Vorfeld schon bei der Buchung genau erklären zu lassen, welche Kabine man bucht und wo diese liegt, ob die Fenster zu öffnen sind etc. Man soll sich nicht abspeisen lassen, sondern genau formulieren, was man will.
Wichtig ist, den Reiseleiter auf die besondere Situation aufmerksam zu machen und ihn zu bitten, Rücksicht zu nehmen, indem er viel verbal beschreibt und es ermöglicht, die Umwelt haptisch zu erfassen. Viele Reiseleiter gehen gern darauf ein – man darf sich einfach nicht verstecken.

Ruhig im Fluss

Steg in einen Raum, biegt nach links in einen weiteren Raum. Es gibt nichts zum Anfassen außer den Wänden, und die sind kaum erreichbar und dazu noch tabu. Die Wandmalereien sollen wunderbar sein – leider kann ich mit dieser Information wenig anfangen.

Nach der Einschiffung ging es darum, mir die Kabine zu erarbeiten. Wie in jedem neuen Hotelzimmer bin ich als Erstes an den Wänden entlang und habe die Kabine ertastet. Danach wusste ich, wo was hingehörte und konnte mit dem Kofferauspacken beginnen. Das Kofferauspacken erledige ich auf Reisen immer selbst, wobei ich mich auf meine Sachen beschränke. Jeder ist bei uns für seinen Kram zuständig.

Vor dem ersten Abendessen wird man vom Oberkellner platziert. Wir drei gerieten an einen Tisch mit zwei Schweizerinnen und zwei Berlinerinnen, von denen die eine gewohnheitsmäßig an allem herumnörgelte und die zweite derart beeinflusste, dass sie irgendwann mitspielte. Da ich mich ja nicht im Raum umschauen kann, bin ich doch sehr auf das angewiesen, was ich höre. Zwei nörgelnde ältere Berlinerinnen, das war nicht so angenehm. Zu ihrer Ehre sei gesagt: Als die eine Geburtstag hatte und von der Besatzung mit einem Ständchen und einer Torte bedacht wurde, teilte sie die großzügig mit uns. Unsere Mahlzeiten wurden alle auf einem Büfett serviert. Da brauchte ich meinen Mann, der mir beschrieb, was dort auf Platten und

in Schüsseln lag. Ich traf dann meine Wahl und er legte mir auf. Ein Büfett ist eine dieser Barrieren, über die man eigentlich nur schwer hinwegkommt. Man braucht Hilfe. Wenn man Menschen ansprechen kann, wird man immer Hilfe finden, auch wenn man alleine reist. Ich jedoch bin sehr zurückhaltend und habe Schwierigkeiten, auf fremde Menschen zuzugehen. Ich könnte natürlich auch am Tisch sitzen bleiben und mich von fern bedienen lassen, aber das mag ich auch nicht. Ich will schon dabei sein, hören, was es gibt, und meine Wahl treffen.

Das Leben an Bord habe ich genossen, den Drink an der Bar, das Sitzen am Pool auf dem Sonnendeck. Es herrschte eine leichte,

beschwingte Atmosphäre, die nur von jenen Deutschen gestört wurde, die klischeegerecht ihre Liegestühle mit Handtüchern besetzten. Ich kann versichern: Die albernen Geschichten sind leider alle wahr. Wenn man das einmal geschluckt hat, kann man den Rest genießen. Das gilt ja für Sehende wie Blinde gleichermaßen.

Wenn Sie mich fragen, bei welchen Altertümern wir waren, so kann ich sagen: Wir haben keines ausgelassen. Doch wenn Sie Einzelheiten wissen wollten, müsste ich passen. Karnak und Abu Simbel, der Doppeltempel von Kom Ombo und der Horustempel mögen für Sehende ihre ganz charakteristischen Features haben – für mich verlieren sie in der Häufung

ihre Besonderheit. Höhe ist eine Dimension, deren Sinnlichkeit für mich am Ende meines ausgestreckten Armes endet. Alles darüber ist im Grunde nicht vorhanden – das gilt für ägyptische Tempel ebenso wie für New Yorker Wolkenkratzer. Was hingegen tief eingedrungen ist und bleiben wird: ein Kamelritt bei Luxor, bei dem es durch abgelegene Dorfstraßen ging, die Gassen waren eng, das konnte ich hören, die Leute schwatzten vor ihren Häusern – da herrschte eine freie Atmosphäre, ich konnte das echte Leben spüren. Dann gab es diese Kutschfahrt, raus aus der brodelnden Innenstadt, ich konnte das Fleisch riechen, das die Metzger ausgehängt hatten, den Rauch und die Gewürze. Selbst die Händler, die uns nachliefen und auf uns einredeten, haben

mir mehr gegeben als irgendeine bedeutende Grabkammer, die ich nicht hörte, nicht roch und nicht berühren durfte. Die Händler dagegen waren sehr präsent, sehr nah. Und dann der Nil – irgendwie hörte ich ihn kein einziges Mal plätschern, schäumen oder rauschen, aber ich spürte die Weite des Tals, den Wind um die Nase, die freie, frische Luft, das Esels- und Menschengeschrei vom fernen Ufer, die Rufe der Muezzins. Der Nil hat mir einiges von Ägypten verraten; nicht alles, aber genug, um eine Weile davon zu zehren.

Nile Smart
Zielgebiet: Ägypten
Buchung: Phoenix Reisen, Tel. 02 28/92 60-0,
www.phoenixreisen.com

1 Fremde Düfte, Aromen und Laute – auf den Märkten erschließt sich auch für Nicht-Sehende die ganze Exotik Ägyptens.

2 Familie Paul vor dem berühmten Felsentempel von Pharao Ramses II. in Abu Simbel, ein prähistorischer Höhepunkt am Nil.

3 Eine Kutschfahrt oder einen Kamelritt erlebt Anette Paul intensiver und prägender als so manche altertümliche Sensation.

4 Höhe ist für Anette Paul eine Dimension, die bis zum Ende ihres ausgestreckten Arms reicht. Details kann sie sich ertasten.

13 Portugals schönste Weinstraße

Auf dem Rio Douro geht es ins Herz des Portwein-Anbaugebiets.

Friedlich liegt die Douro Cruiser im rot-goldenen Schein der Morgensonne am Kai von Porto. Früher landeten hier Holzboote mit Portwein-Fässern aus den Weinanbaugebieten des oberen Dourotals an, nach einer waghalsigen Fahrt auf dem wilden Fluss.

Der Rio Douro, wörtlich: der Goldfluss, ist mittlerweile gezähmt. Begleitet vom Glockenschlag der Kathedrale, die hoch über Porto thront, gleitet die Douro Cruiser mit 130 Passagieren an Bord aus dem Hafen. Sie ist ein modernes, dennoch behagliches Flussschiff mit dunklen Hölzern und warmen Farben. Es geht flussaufwärts, vorbei an kleinen Ortschaften bis zur ersten Schleuse, in der das Schiff 14 Meter angehoben wird. Zahlreiche Staustufen gilt es auf dem Weg zum Umkehrpunkt Barca d'Alva an der Grenze zu Spanien zu überwinden. Bis dort ist der Fluss schiffbar. Terrassenförmig angelegte Weinberge säumen große Teile der Strecke. Das Weinanbaugebiet, eines der ältesten der Welt, gehört zum Weltkulturerbe der Unesco. Nur die hier angebauten Rebsorten dürfen den Namen Portwein tragen. Beim Ausflug zur »Quinta do Seixo« des renommierten Portwein-Produzenten Sandeman erfahren die Passagiere alles über die aufwendige Herstellung dieses weltberühmten Süßweins – der natürlich käuflich erworben werden kann, aber auch an Bord serviert wird.

Douro Queen
Zielgebiet: Nordportugal
Buchung: Douro Azul über www.e-hoi.de oder www.nicko-cruises.de

14 Rolling on the River

Die Mark-Twain-Nostalgie lebt weiter: Die American Queen ist auf den Mississippi und den Ohio River zurückgekehrt.

Keine Geringere als die Witwe des King of Rock'n'Roll, Priscilla Presley, übernahm in Memphis die Neutaufe der Queen of the Mississippi. Der 1995 gebaute Schaufelraddampfer musste im Jahr 2008 nach Besitzerwechsel der Reederei und wirtschaftlichen Turbulenzen den Dienst einstellen. Seitdem das kleinere Schwesterschiff, die Delta Queen, als Hotelschiff in Chattanooga vor Anker liegt, sah es zunächst ganz danach aus, dass das Ende der nostalgischen Raddampfer-Epoche in den USA ein- für allemal besiegelt sei. Im Frühjahr 2012 aber hat die neu gegründete Great American Steamboat Company die American Queen auf den Mississippi und den Ohio River zurückgebracht.

Ganz im Stil der alten Mississippi Raddampfer wirklich unter Dampf wird das Schiff von einem riesigen Schaufelrad am Heck angetrieben. Die Reederei bietet Fahrten zwischen acht und 23 Übernachtungen an. Neben Memphis und New Orleans zählen St. Louis, Nashville, Chattanooga und Louisville zu den Zielen.

American Queen
Zielgebiet: USA, Mississippi und Ohio River
Buchung: American Queen Steamboat Company, über AAR-Reisen, Tel. 0 54 04/9 60 80, http://aar-reisen.de und www.americanqueen steamboatcompany.com

15 Das Leuchten über dem Fluss

Meist betörend, manchmal beklemmend – aber immer faszinierend: Was wäre eine Reise auf der Rhône und Saône ohne die Magie des Lichts? Vermutlich eine ganz normale Flusskreuzfahrt.

Text: Wolfgang Spielhagen

E s ist vier Uhr. Als der Wecker klingelt, ist die dunkelste Stunde der Nacht schon vorbei. Doch auch der neue Tag scheint noch weit weg. Ich habe an Bord der Amadeus Symphony sechs Tage gehen sehen. Nun – irgendwo auf der Rhône, nordwärts zwischen Arles und Viviers – will ich die Ankunft des siebten Tages erleben.

Der Morgen versteckt sich noch still und kalt hinter der Nacht. Nur das Rauschen des Fahrtwinds, das Zischen des Wassers am Rumpf und das sanfte Brummen der beiden Caterpillar-Aggregate sind zu hören. Aus dem schwarzen Gebüsch dringt der Lärm der Mönchsgrasmücken, hier und da singt eine Nachtigall. Ein erster rostbrauner Streifen im Osten wird breiter. Bereits um Viertel nach fünf hat sich der schwarze Uferbewuchs in verschiedene Grautöne gegliedert.

Schaudern in der Schleuse

Dann fährt das Schiff in die Ecluse Bollène ein, die größte Schleuse der Rhône. 22 Meter hoch ragen die schwarzen Wände der Schleusenkammer. In der Dämmerung ist der Eindruck gewaltig, fast bedrohlich. Behutsam schiebt sich das 11,40 Meter breite Schiff in die 11,50 Meter breite Schleusenkammer. Oben am Rand des schwarzen Lochs glühen rote und grüne Ampellichter in die Finsternis, darüber ein schmales Viereck von kaltem, fernem Blaugrau, aus dem schon der neue Tag hervorglimmt. Dann hebt sich das Schiff. Zehn Minuten später und 22 Meter höher weitet sich der Himmel. Die Welt hat wieder Form angenommen, westwärts zieht die Nacht. Kurz vor sechs Uhr schießt die Sonne erste Strahlen über die Rhône. »Morgenröte und Auferstehung sind Synonyme«,

Sur le pont ... Die St.-Bénézet-Brücke ist das berühmte Wahrzeichen der mittelalterlichen Papststadt Avignon.

Gletscher-Fluss

Die Rhône ist der wasserreichste Fluss
Frankreichs. Sie entspringt im Schweizer
Kanton Wallis am Gotthard-Massiv. Ab
Lyon macht sie sich schnurstracks auf
den Weg nach Süden bis Saintes-Maries-
de-la-Mer, wo sie ein Delta bildet und
sich schließlich im Meer verliert.

hat Victor Hugo geschrieben. »Das Wiedererscheinen des Lichtes ist der Fortdauer des Ich gleichzusetzen.« Zeit zum Aufatmen. Keine neun Stunden ist es her, dass die Sonne ihre Strahlen über Arles einholte wie Angelschnüre. Übrig blieb die Dämmerung, ein heißer Abend und jenes wohlige Gefühl, das sich einstellt, wenn man gerade von heiteren Kellnern durch ein wohlausgewogenes Menü geführt worden ist: Lachsrolle mit pikanter Käsefüllung, Potage Crème du Barry, Lammkeule mit Oliven und Polenta, Kürbis-Parfait, Käse. »Wie ist es möglich, ein Land zu regieren, das 370 verschiedene Käsesorten produziert?« kokettierte einst Charles de Gaulle mit der ethnischen, kulturellen und sprachlichen Vielfalt seines Landes.

Van Goghs Kurzbesuch

Wir standen an Deck, als die Amadeus Symphony um 22 Uhr ablegte. Ein Paar aus dem Salzkammergut, ein Paar aus Luzern und eines aus der Rhein-Main-Gegend beim Smalltalk. Auf einem weißen Brückenpfeiler ohne Brücke fütterte eine Möwe im Gegenlicht ihre Jungen. Von Arles waren vom Quai aus nur ein paar alte Mauern mit zugemauerten gotischen Spitzbögen zu sehen, davor die Laternen der Uferpromenade. Im Café de la Nuit an der Place du Forum werden wie jeden Abend die Touristen ihre Getränke nehmen und Postkarten schreiben, auf denen das von Vincent van Gogh ölgemalte Café abgebildet ist. An Deck plauderten wir natürlich über van Gogh, mit dem sich Arles schmückt, auch wenn er nur kurze Zeit hier lebte. Dann begannen die Mücken zu beißen

und wir setzten das Gespräch bei einem Drink in der Lounge fort. Als Attila, der hagere Ungar am Keyboard, Satchmos »Lullaby« gurgelte, folgten wir dem Wink mit dem Zaunpfahl und zogen uns in unsere Kabinen zurück. Ich wollte ja ohnehin um vier Uhr schon wieder raus.

Begonnen hatte meine Reise in Lyon am Quai Claude Bernard, wo ich die schnittige Amadeus Symphony zum ersten Mal sah. Sie sollte mich in sieben Tagen von Lyon zuerst nach Norden, die Saône hinauf über Mâcon bis Chalon-sur-Saône und dann nach Süden bis nach Avignon und Arles bringen. Flusskreuzfahrt nennt sich so eine Reise, obwohl da nichts gekreuzt oder gequert wird wie auf hoher See. »Fluss« steht für die ruhige Gangart des Unternehmens und für alles, was einem keineswegs zustoßen wird: Stürme, Riffe, Seenot und lange Wege zur nächsten Klinik – man weiß ja nie …

Im Rhythmus der Rhône

Für eine Woche den größten Teil der Eigenverantwortung gegen Vollpension an der Rezeption eintauschen, in Richtung Kleinkind regredieren, neugierig, freudig bejahend und brav – sich dafür verwöhnen lassen, erfüllte Wünsche, noch ehe man weiß, dass man sie hat – ich hatte das sichere Gefühl, genau solch ein Wohlfühlprogramm dringend zu benötigen, und zwar genau jetzt. Und außerdem sollte es ja auch noch einiges zu erleben und zu lernen geben: Landausflüge, Stadt-

Von Lyon nach Lyon

Tag 1: Anreise und Einschiffung in Lyon. Die nach Paris und Marseille drittgrößte Stadt Frankreichs liegt am Zusammenfluss von Rhône und Saône. Abends Abfahrt in nördlicher Richtung nach Mâcon.

Tag 2: Am frühen Morgen Ankunft in Mâcon an der Saône. Weinexkursion »Mâcon und der Beaujolais«. Besichtigung der Abtei von Cluny. Abends Weiterfahrt auf der Saône nach Chalon-sur-Saône.

Tag 3: Am frühen Morgen Ankunft in Chalon-sur-Saône. Beaune und das Burgund. Château Cormatin. Abends Weiterfahrt nach Süden zurück nach Lyon.

Tag 4: Am frühen Morgen Ankunft in Lyon. Stadtrundfahrt. Um 16 Uhr Weiterfahrt auf der Rhône nach Avignon.

Tag 5: 10 Uhr Ankunft in Avignon. Stadtrundgang Avignon mit Papstpalast. Pont du Gard und Uzes.

Tag 6: Avignon. Um 14 Uhr Weiterfahrt nach Arles. Exkursion in den Naturpark Camargue. Um 22 Uhr Weiterfahrt zurück Richtung Lyon.

Tag 7: Morgens Ankunft in Viviers. Die Schlucht der Ardèche. Weiterfahrt Richtung Lyon.

Tag 8: Am frühen Morgen Ankunft in Lyon. Nach dem Frühstück Ausschiffung.

spaziergänge, Rundfahrten. Und alles schön übersichtlich entlang dieser beiden Flüsse aufgereiht, die sich in Lyon vereinigen – die Saône aus den Vogesen, die Rhône aus den Schweizer Alpen kommend.

Lyon – Hügel des Lichts

Das Katalogmaterial stimmte, die Reiseroute war ansprechend. Das ging schon auf dem Flughafen von Lyon los, wo Santiago Calatravas geniale TGV-Station einem Vogel mit ausgebreiteten Schwingen gleicht: Stahl, Glas, Beton, fast 40 Meter hoch, lichtdurchflutet, einen Moment vor dem Abheben. In der Lyoner Innenstadt dann natürlich die von Jean Nouvelle kühn umgebaute Oper mit dem gläsernen Tonnendach, das nachts, wenn in ganz Lyon die Fassadenscheinwerfer die Schmuckstücke der Stadt aus der Dunkelheit heben, rot aufleuchtet. Überhaupt, Lyon: Schon der alte lateinische Name, Lugdunum, ist schön – bedeutet er doch »Hügel des Lichts«. Licht – warum eigentlich nicht? Wäre doch ein schönes Thema für die kleine Reise. Zumal ja die Gebrüder Lumière 1895 in Lyon ihre ersten bewegten Lichtbilder vorführten. Und 135 Kilometer nordwärts die Saône hinauf wurde 1765 Joseph Nicéphore Niepce geboren, der 1827 mit einem schlichten Holzkasten, in dem sich einem Loch gegenüber eine mit Teer beschichtete Zinkplatte befand, das erste Lichtbild der Weltgeschichte aufnahm. Wenn das Schiff in Chalon sur Saône am

Quai des Messageries anlegt, sind es nur wenige Schritte über die Uferstraße zum Fotomuseum, in dem der berühmte Holzkasten steht. Daneben übrigens die kleine graue Hasselblad 500 EL (Electric Lunar Surface) von 1968. Eine identische Kamera liegt auf dem Mond, seit sie 1969 von der Apollo-11-Mission dort zurückgelassen worden ist.

Lichtkünstler sind aber nicht nur die Architekten, Filmemacher und Fotografen, auch die Winzer, die rund um Macon ihre gedrungenen Weinstöcke auf Kalkstein setzen und daraus leichte Weißweine wie den Macon-Village oder den Pouilly-Fuisse keltern, schauen genau auf den Einfallswinkel der Sonnenstrahlen, und auf der anderen Talseite, wo auf Granitböden die Gamaytraube gedeiht und die berühmten Beaujolais-Weine hervorbringt, tun sie es genauso.

Ich lerne das auf meinem ersten Landausflug am Morgen des 1. Juni. Am Nachmittag, als wir mit dem Bus in Richtung der Abtei von Cluny den Höhenzug überqueren, der das Maconnaise-Tal nach Westen abschließt, bekommen wir ein weiteres Mal die Lichtwirkung vorgeführt. Auf dem Osthang feinster Beaujo-

lais, nach dem Pass auf der anderen Seite weite Wiesen mit weißen Charolaisrindern, rotem Mohn und dunkelgrünen Waldflecken – jedenfalls kein Wein mehr. Hängt mit dem Licht zusammen, meint Cécile, unser Guide. Ich habe meine Zweifel, glaube ihr am Ende aber doch – es passt so schön.

Auch Cluny hat mit Licht zu tun, wenn auch eher mit dunklem Aberglauben, Erleuchtung und Verblendung. Als im Jahr 910 der Herzog von Aquitanien eine Abtei finanzierte und unter seinen Schutz stellte, tat er das aus Furcht vor der damals allgemein erwarteten

Wiederkunft Christi im Jahr 1000, ein Akt der Absicherung gegenüber dem Weltuntergang. Cluny wurde in den folgenden Jahrhunderten zum Zentrum des größten Mönchsordens des Abendlandes. Und auch die Abteikirche wuchs in rund 200 Jahren zum größten Gotteshaus der Christenheit. Da hatte die Verblendung schon eingesetzt. Sie steigerte sich noch, als man in den Nachwehen der großen Revolution 1798 damit begann, die riesige gotische Kirche als verhasstes Symbol der alten Zeit zu sprengen und als Steinbruch zu verwenden. Die Stadt Cluny, die über Jahrhunderte gut vom Pilgergeschäft gelebt hatte, war

mit einem Schlag ihrer Existenzgrundlage beraubt. Als man 23 Jahre später das Zerstörungswerk stoppte, stand nur noch ein Teil des Querschiffes, immer noch gewaltig zwar, aber eben nur ein Achtel des ursprünglichen Baus, was bis heute zu besichtigen ist.

Mitten in der Stadt

Nach all dem Irrsinn der Revolution und den Wirren der Zeiten ist es schön, heimzukommen. »Heim«, das ist die Amadeus Symphony, und die ist immer dort, wo man sie braucht – meist mitten in der Stadt, nach dem Ausflug nach Cluny zum Beispiel in Mâcon am Quai

1 ... wenn das Gute liegt so nah: Die Landschaften entlang des Rhône- und Saône-Ufers sind stets in greifbarer Nähe und lassen sie wirken wie eine endlos lange Fototapete.

2 Auch wenn die Verpflegung an Bord keine Wünsche offen lässt, so erliegt man bei den Landgängen doch immer wieder gerne so manchen appetitlichen Verführungen.

3 Ein Ausflug durch das südliche Burgund führt zum Château de Cormatin, einem Barockschloss mit Heckenlabyrinth und einem der schönsten Gärten Frankreichs.

Global Player

In der Kommandobrücke, dem Reich des Kapitäns, herrscht eine heitere und dennoch konzentrierte Atmosphäre. Die Mitarbeiter schätzen die kurzen Wege und besprechen manches eilige Anliegen direkt mit dem Boss auf der Brücke. Nicht nur die Gästeschar ist sehr international. Auch die Crew stammt aus einem knappen Dutzend Nationen.

Lamartine. Bis zum Dinner ist es noch Zeit, also rein in die Kabine auf dem Mozartdeck, das französische Fenster aufgeschoben, die Ausflugsausrüstung aufs Bett geworfen, mich gleich hinterher, und ein wenig auf die Dusche freuen. Die hat einen kräftigen Strahl, und warmes Wasser ist immer im Hahn. Draußen schwimmen zwei Schwäne vorüber, auf einer Boje am anderen Ufer hat sich sehr fotogen ein Graureiher postiert.

Kellner, Zimmermädchen, Köche, Matrosen, Rezeptionisten, Purser, Kreuzfahrtleiter – etwa 40 Leute kümmern sich darum, dass ich sicher und angenehm über die Rhône schippern kann. Sie kommen aus einem knappen Dutzend Nationen, von Litauen über Polen bis Bulgarien dominiert Osteuropa, der Hotelmanager stammt aus Apulien und wohnt in Venedig, Küchenchef ist ein Deutscher, der auf Mallorca lebt, und der Kapitän ist ein echter Franzose und wohnt in Mâcon. Die Passagierliste kann an Internationalität mit der Besatzung durchaus mithalten. Auf der Rhône hat sich ein buntes Häuflein aus den USA, aus Israel, den Niederlanden, aus England, Österreich, der Schweiz und Deutschland zusammengefunden. Kinder sind keine an Bord, und auch die Unterfünfzigjährigen lassen sich an einer Hand abzahlen. Rüstige Rentner, auf 73 Kabinen verteilt, mit Spaß an der französischen Küche und am französischen Wein, bilden die große Mehrheit, allesamt sympathische Paare, die ruhig ihrer Wege gehen. Doch zurück

Oldtimer-Parade

Schöner Zufall: Beim Besuch des Château de Cormatin findet gerade ein Oldtimertreffen statt. Das Barockschloss aus dem 17. Jahrhundert ist die Hauptattraktion an der südburgundischen Schlösserstraße und steht beim Tagesausflug ab Chalon-sur-Saône auf dem Programm.

zum Licht und der im Rhônetal naheliegenden Frage, ob es ein spezielles Mistral-Licht gibt. Als wir am Abend des 4. Juni von Lyon nach Avignon aufbrechen, rauscht aus grauen Wolken der Regen und wirft Millionen Wasserringe auf den Fluss.

Meister Mistral

Am nächsten Morgen im Süden ist der Himmel blau und weit und hell, dazu fegt ein kalter böiger Wind von Norden, wie er das hier an 100 Tagen im Jahr tut: der Mistral, der »Meister«, wie sie ihn nennen. Immer wenn über Nordfrankreich ein Tief nach Osten abzieht, bläst es auf seiner Rückseite kalte Luft in die Düse des Rhônetals. Und es scheint so, als wehe mit dem Wind auch nördliches, frisches Licht in den dampfenden Süden. Im Gassengeflecht der alten Stadt hat der Mistral keine Chance. Natürlich muss man den

festungsgleichen Papstpalast gesehen haben. Drinnen wird man auf eine meisterhafte große Kreuztragungsgruppe im Halbrelief stoßen – feinste Frührenaissance, doch leider eine Gipskopie. Die gute Nachricht: Zum sandsteinernen Original in der gotischen Kirche Saint Didier sind es nur ein paar Hundert Meter. Der Weg lohnt sich.

Der magischste Platz Avignons aber ist zugleich einer der angenehmsten, jedenfalls dann, wenn ein leichter Mistral den Spätnachmittagshimmel blank geputzt hat und gut gelaunt in den Blättern der alten Platanen rauscht. Unter diesen ein kleiner, steingefasster Teich mit Enten drauf und Tauben drum herum. Kleine Fontänen sprudeln und glitzern, eine schöne Nackte aus Bronze tanzt auf einer kleinen Insel. Es wird Limonade angeboten, Kaffee, Drinks und Eis.

Zwei für die Show

Ihr Platz ist in der Mozart-Lounge, vorne rechts am Flügel. Ihre Zeit ist der Abend. Wenn die Passagiere nach dem Fünf-Sterne-Menu in der Lounge ihre Drinks bestellen, sitzen sie schon da: die schwarzäugige Melinda mit der variantenreichen Stimme auf einem Barhocker, Attila mit scharf geschnittenem Gesicht, Halbglatze und Pferdeschwanz hinter der Tastatur. Der gebürtige Budapester hat das klassische Konservatorium im ungarischen Miskolc und das Jazz-Konservatorium in Budapest absolviert. Er klimpert gekonnt Barmusik-Klassiker, kennt sich im Pop-Segment aus, jagt durch heiße Puszta-Läufe und seinen Béla Bartók hat er auch drauf. Melinda kommt aus Bársonyos, einem Dorf in Nordwestungarn. Irgendwann merkte sie, dass sie singen kann, dann merkten es andere. Seit zehn Jahren singt sie in Bands, tritt bei Festivals auf und jetzt dürfen ihr die Passagiere der Amadeus Symphony zuhören. Und wenn es später wird, drehen sich die mutigsten Paare auf der kleinen Tanzfläche.

Was daran magisch sein soll? Das Ganze findet auf dem Gipfelplateau eines Felsens statt, nur wenige Meter nördlich des Papstpalastes und der Kathedrale Notre Dames des Doms, die auf der Flanke des Felsens steht. Hier oben aber, auf dem Rocher des Doms, siedelten sie schon vor 6000 Jahren in der Jungsteinzeit, viel später kamen die Kelten, dann die Römer. Und immer war es der Felsen, der die Menschen über all die Jahrtausende anzog. Im 4. Jahrhundert bauten sie hier die erste Basilika, die alten christlichen Baumeister sattelten ihre Tempel auf die alten Kraftplätze auf. Sie wussten genau, was sie an der Expertise ihrer Vorgänger hatten. Sitzen, lauschen, schauen und die Zeit spüren, am besten allein – dann kommt sie heraus und weht vorbei.

Am nächsten Tag geht es von Avignon mit dem Bus in das Rhône-Delta. Hier wird die Zeit nicht nur spürbar, hier kann man sie sehen. Weiter als hier kann kein Himmel sein und heller kein Licht. Der Strom hat kurz vor dem Meer seine Arme ausgebreitet, dazwischen die Camargue: Sumpfland, Schilfland, Salzland, Zeitland. Glänzende Reisfelder im Norden, weiter zum Meer hin Pins Parasol, Schirmkiefern, Mastixbüsche, wilde Pistazien, Stecheichengebüsch, gelb blüht der Ginster. Schwarze Camarguestiere, weiße Camarguepferde, rosa Flamingos gibt es vom Bus aus. Für die übrigen Vogelarten müsste man nicht nur aussteigen, man bräuchte Gummistiefel, viel Autan, ein Boot und die Erlaubnis der Nationalparkaufsicht. Und warum ist

das alles sichtbare, weltgewordene Zeit? Ganz einfach, weil es dieses Land vor 7000 Jahren noch nicht gab. Seitdem schwemmte die Rhône alpines Gestein und alles, was unterwegs in ihr Flussbett fiel, ins Meer und schob die Küstenlinie etwa 40 000 Meter ins Mittelmeer hinaus. Eine eigene Kultur entstand, mit eigenen Ritualen, Traditionen und Kulten. Im Dorf Saintes-Maries-de-la-Mer, dem Lourdes der Roma, kann das Ganze auf einen Blick erfassen, wer ein paar Euro bezahlt, um auf das Dach der Wallfahrtskirche zu gelangen. Wer jetzt noch frech genug ist, von der umlaufenden Galerie auf den Dachfirst zu kraxeln, hat die ganzen 7000 Jahre vor sich, und hinter sich das blaue Meer.

Wenn der Wind Wellen weht

Beim Gala-Diner am letzten Abend lässt auch der härteste Camper die Caprihose im Schrank und schlüpft ins Jackett. Gleich ist es im Restaurant noch ein wenig netter. In die Speisefolge werden das Parfait und die Eisbombe eingeschoben, alles, was die heimische Waage zum Quietschen bringt, wird aufgefahren. Wer schlau ist, hat schon vorher gepackt. Vielleicht noch ein letzter Drink an der Bar, aber das Beste kommt noch: nachts im Bett zu liegen und durch das offene französische Fenster den Fluss im Vollmondgeglitzer anstaunen, die schwarzen Ufer, die über uns hinweg schwebenden Brücken zu sehen, gelegentlich ein spätes, fernes Scheinwerferpaar. Der Nachtwind weht Wellen in die Stores. Den Fernseher hatte ich auf dieser Reise genau zwei Minuten an, um zu sehen, ob er funktionierte. Er tat es.

Schwimmendes Hotel im großen Fluss

Steckbrief MS Amadeus Symphony

Reederei: Lüftner Cruises
Baujahr: 2003
Dimensionen: 1566 BRT, Länge: 110 Meter, Breite: 11,40 Meter
Passagierdecks: 4
Passagiere: max. 146
Mannschaft: ca. 40
Einsatzgebiet: Rhône und Saône

Kabinen & Suiten

73, davon 4 Suiten (alle außen). Alle Kabinen verfügen über ein großes Doppelbett bzw. zwei Einzelbetten, Bad, Telefon, TV-Gerät mit einer Auswahl an Bord- und Satellitenprogrammen, Haartrockner und eine individuell regulierbare Klimaanlage.
Die Suiten (22 qm) und Kabinen (15 qm) auf dem Mozartdeck besitzen französische Balkone. Die Kabinen auf dem Straußdeck (15 qm) haben bewegliche Panoramafenster, die Kabinen auf dem Haydndeck (15 qm) fixierte Fenster.

Auch wenn das große Show-Feuerwerk fehlt, kann man sich an Bord der Amadeus Symphony die Zeit kurzweilig vertreiben – ob mit Groß-Schach, Tombola oder heiteren Quizrunden.

Restaurants & Bars

Panorama-Restaurant, Panorama-Bar und Amadeus-Club mit Internetcafé. Frühstücksbüfett, Lunch à la carte im Restaurant oder als Büfett in der Panorama-Lounge, Diner à la carte. Wein und Bier zu den Mahlzeiten inklusive. Auf die Komposition und Herstellung der Menüs wird große Sorgfalt verwendet. Ausgezeichnete Küche! Große Getränkeauswahl an der Bar. Lido-Bar auf dem Sonnendeck.

Sport & Wellness

Massage-Angebot, Frühsport-Angebot, Fitnessraum, Fun-Pool, Groß-Schach, Liegestühle und Walking Track auf dem Sonnendeck, Friseur, Bordshop.

Unterhaltung & Ausflüge

Vorträge zum nächsten Tagesprogramm, abendliche musikalische Unterhaltung mit dem bordeigenen Duo mit Tanzmöglichkeit, Crew-Show, Quizabende und Tombola. Außerdem Stadtspaziergänge und Busausflüge zu kulturellen und landschaftlichen Höhepunkten.

Bordsprache & Dresscode

Deutsch dominiert, es wird jedoch auch Englisch und Französisch gesprochen. Das tägliche Bordprogramm sowie Infoblätter zu den Landausflügen werden in deutscher Sprache aufgelegt. Der Dresscode rangiert zwischen »leger« und »sportlich-elegant«. Auch beim Gala-Diner genügt bei Herren ein Jackett. Tagsüber ist bequeme Freizeitbekleidung optimal.

Fazit

Für Best Ager mit Vorliebe für gutes Essen und ein ruhiges Programm zwischen Weinverkostung (Mâcon, Beaujolais), Städten (Lyon, Cluny, Avignon), kulturellen Höhepunkten und Natur (Camargue, Ardeche) ist das Schiff eine gute Wahl.

Info & Buchung

Dr. W. Lüftner Reisen, Menardi Center, Amraser See Str. 56, A-6020 Innsbruck, Tel. 00 43/5 12/36 57 81, www.lueftner-cruises.com oder im Reisebüro

16 Beginn einer Leidenschaft

Donau-Kreuzfahrt klingt nicht wirklich sexy. Zehn gute Gründe, es mal auszuprobieren.

1. Das Gute liegt so nah: Start- und Zielhafen der MS Maxima ist Passau in Niederbayern, der auch vom hohen Norden mit Bahn oder Auto schnell zu erreichen ist.

2. Maximaler Komfort: Die Schränke in den Kabinen sind geräumig, die Bäder wahre Raumwunder. Auch wenn man nicht viel Zeit in der Kabine verbringt, so freut man sich über die freundlich und schick gestylte Unterkunft, auf dem Mittel- und Oberdeck jeweils mit französischem Balkon. Alle Unterkünfte verfügen über SAT-TV mit Radio, Haartrockner, Minibar, Safe und Telefon.

3. Bunt gemixte Familie: Schwimmendes Altenheim? Von wegen. Da reist der Sportstudent mit seiner Oma, die Mutter mit der Tochter, beste Freundinnen und Singles. Auch einige Teenager sind an Bord, die sich bereits am ersten Tag finden und bis zur Heimreise unzertrennlich bleiben.

4. Herzlichkeit ist auf der MS Maxima Trumpf: »Für Sie wieder einen Aperol Spritz?« fragt die Dame, die am Sonnendeck die Getränke serviert. Und auch der Herr von der Rezeption kennt bald jeden der 180 Passagiere beim Na-

men. Die Freundlichkeit und Aufmerksamkeit der Crew fällt sofort angenehm auf.

5. Die Verständigung klappt: Bordsprache ist Deutsch. Und da viele der Crew-Mitglieder aus den Gegenden stammen, durch die die Reise führt, versorgen sie die Passagiere gerne mit Shopping- oder Ausgehtipps in Bratislava, Budapest oder Linz.

6. Städtetour mal klassisch, mal hip: Für den Erstbesuch so spannender Metropolen wie Budapest oder Wien eignet sich ein Sightseeing-Rundumschlag im Bus oder eine Themen-Tour, etwa zu den berühmten Bädern in Budapest. Und während die Oma das »Strauss trifft Mozart«-Konzert besucht, saust der Enkel mit dem Segway-Elektroroller durch die City, andere besuchen einen Weinkeller in Grinzing.

7. Genießen ohne Schlangestehen am Büfett: Die mehrgängigen Menüs werden abends am Tisch serviert, den man gleich am Tag der Einschiffung für die Dauer der gesamten Kreuzfahrt reservieren kann. Die Auswahl bedient jeden Geschmack: Fleisch oder vegetarisch,

Pute oder Fisch. Für kulinarisches Lokalkolorit ist gesorgt – in Budapest gibt's Gulasch und gefüllte Paprikaschoten, während in Wien Freunde von Wiener Schnitzel und Kaiserschmarrn auf ihre Kosten kommen.

8. Kein Stress mit dem Dress: Tagsüber an Bord und während der Landausflüge ist eine sportlich legere Kleidung üblich. Zum Abendessen ist eher eine gepflegte Garderobe erwünscht. Beim Kapitäns- oder Abschiedsdinner darf es gerne auch etwas festlicher sein.

9. Spaß ohne Dauerbespaßung: Wer braucht eine fetzige Animation, wenn an den Ufern ständig die Szenerie wechselt und sich immer wieder prächtige Landschaften, Burgen und Kirchen ins Blickfeld schieben und Reiher durch die Lüfte segeln? Dennoch gibt es auch Themenabende oder Quizveranstaltungen. Außerdem lockt ein großzügiger Wellnessbereich mit Sauna, Whirlpool und Fitnessgeräten

10. Unterhaltung bis nach Mitternacht: Wer da glaubt, der typische Flusskreuzfahrer würde nach dem Abendessen ins Bett gehen, der

irrt gewaltig. Vor allem an jenem Abend, als die Passagiere während des Dinners Wunsch-Musikhits ankreuzen konnten, ist die Lounge bis auf den letzten Platz besetzt. Und kurz darauf geht's bei »Sexbomb« und »Mamma Mia« auf dem Dancefloor rund.

MS Maxima
Zielgebiet: Donau
Buchung: Nicko Cruises, Tel. 0711/
24 89 80 44, www.nicko-cruises.de

17 Bello an Bord
Bei dieser Flusskreuzfahrt sind Hunde nicht nur geduldet, sondern willkommen.

Hunde sind auf Kreuzfahrtschiffen in der Regel nicht erlaubt. Auf einigen wenigen Schiffen ist die Mitnahme der vierbeinigen Lieblinge geduldet – wobei Bewegungsfreiheit und Reisegenuss für das Tier stark eingeschränkt sind. Doch es gibt sie, Fluss-kreuzfahrten, bei denen der Hund der König ist. Veranstalter 1Avista bietet drei- und siebentägige Kreuzfahrten mit dem Flussschiff Normandie (50 Kabinen) auf Hollands Flüssen und Kanälen sowie auf dem Rhein an. Der Aufenthalt für den Hund ist in allen Gästebereichen an Bord gestattet. Ob im Salon, Restaurant, an der Rezeption oder an Deck – der vierbeinige Liebling ist immer dabei. Das gewohnte Futter ist mitzubringen, für ein Leckerli an der Rezeption ist jedoch stets gesorgt. Tagsüber legt das Schiff mehrmals zu Gassi-Stopps an. Außerdem gibt es eine kleine Hundewiese am Sonnendeck. Pro Kabine ist ein Hund erlaubt. Natürlich wird erwartet, dass Bello stubenrein ist und durch gutes Sozialverhalten glänzt. Gefährlich eingestufte Hunderassen wie Pitbull & Co. werden nicht befördert. Übrigens: Auch Passagiere ohne Hund sind willkommen. Doch ob die sich pudelwohl fühlen?

Normandie
Zielgebiet: Holland, Rhein
Buchung: 1Avista Reisen, Tel. 0221/
99 80 08 00, www.1avista.de

18 Stadt-Land-Fluss
Auf seiner letzten Etappe zum Meer zeigt der Rhein in der Stille seine Größe.

Wenn die Passagiere in Köln an Bord der A-Rosa Viva gehen, hat der Rhein bereits eine weite Reise aus den Schweizer Bergen hinter sich. Auf den letzten 550 Kilometern von Köln durch die Niederlande bis ins weit verzweigte Delta an der Nordseeküste, landschaftlich sehr reizvoll, wird das Land flacher, der Himmel weiter, der Strom breiter.
Wer noch nie eine Schiffsreise unternommen hat – die Tour auf dem Rhein an Bord der modernen A-Rosa-Schiffe ist ideal für Einsteiger. Sie führt durch stille, idyllische niederländische Regionen und vorbei an quirligen Metropolen wie Amsterdam und Rotterdam mit einem Abstecher ins IJsselmeer. An Bord der A-Rosa-Schiffe kümmert sich eine rund 50-köpfige Crew um das Wohl der maximal 202 Passagiere. Die meisten der 99 Kabinen sind mit Balkon ausgestattet. Der Flusskreuzer hat ein Büfett Restaurant und ist mit Weinen, unter anderem der besten Rheinlagen, gut bestückt. Es gibt ein Spa mit Whirlpool im Freien. Angeboten werden Massagen und Beautyanwendungen.

A-Rosa Viva
Zielgebiet: Rhein
Buchung: A-Rosa Kreuzfahrten, Tel. 0381/
20 26 02 0, www.a-rosa.de

Schöner geht's nicht

19 Eine Liebe fürs Leben

Die Sea Cloud gilt als schönstes Segelschiff der Welt.
Das ist nicht der einzige Grund, weshalb Menschen der
»Grande Dame der Meere« verfallen sind.

Text: Reinhard Bünger

Exakt 28 Grad, 57 Minuten nördlicher Breite, 24 Grad, 11 Sekunden westlicher Länge: Für Bernhard ist dies die ideale Position, um über seine Lage nachzudenken. Die ersten fünf Reisetage liegen hinter ihm. Die Konturen des Festlands sind längst verschwommen, der Alltag ist am Horizont verweht. Es beginnt ein neuer Morgen. Vor dem inneren Auge kommen nun – mitten im Kanarischen Becken, 450 Seemeilen westlich von Las Palmas – neue Umrisse in Sicht. Die Sonne brennt die Nebelstreifen nieder.

»Eigentlich könnte ich mich für zwölf Monate in eine Kajüte auf der Sea Cloud einmieten und von hier aus arbeiten«, sagt Bernhard. Reisen, arbeiten und trotzdem jederzeit die Ruhe weg haben – das wäre doch was! Doch dann hält Bernhard inne. »Das Internet an Bord müsste natürlich schneller sein.« Mitten im Atlantik ist die Windjammer-Lady allein auf Satellitenfunk angewiesen. Und so wird wohl nichts aus Bernhards Traum. Er steht an der Reling und nippt an einem Becher Kaffee vom Frühaufsteher-Büfett, das täglich ab 6.30 Uhr angeboten wird. Die Gesichtszüge des 53-Jährigen sind zum ersten Mal seit dem Ablegen in Portimão an der Algarve ganz entspannt. Er lächelt verschmitzt in sich hinein. Langsam weicht der Dampf des Berufslebens bei dem inzwischen selbstständigen Mitarbeiter eines Computerunternehmens. Er hat die Reise gebucht, weil er einfach mal keine E-Mails und SMS mehr bekommen wollte.

Mit diesem Wunsch ist er nicht der Einzige an Bord. Doch nicht nur das freiwillige Offline-Dasein eint die Passagiere. »Es war ein Kindheitstraum von mir, einmal auf einem großen Segelschiff zu reisen«, schließt Bernhard seine

Das Entzücken kennt keine Grenzen, wenn die schönen Windjammer-Schwestern gemeinsam aufkreuzen.

Menschen an Bord

Sea-Cloud-Liebhaber sind keine typischen Kreuzfahrer. Es sind Leute mit maritimen Vorlieben, die Wind und Wellen anderen Wonnen vorziehen. Für viele liegt der besondere Zauber einfach darin, mal aus ihrem reizüberfluteten Alltag auszuscheren und über ihr Leben nachzudenken – oftmals mit erstaunlichen Ergebnissen.

Überlegungen zu den Hintergründen dieser Reise ab. Und wie er gerade dabei ist, das Hätte, Könnte, Sollte des täglichen Lebens durchzudeklinieren, taucht um 7.15 Uhr ein Delfin neben der Viermastbark auf, springt aus dem Wasser, taucht wieder ein, eskortiert die Sea Cloud noch eine Weile und schwimmt wieder seiner Wege. Bernhard kommt mit seiner Spiegelreflexkamera gar nicht so schnell hinter dem Flipper her.

»Das Schöne ist, dass man hier an Bord für gute zwei Wochen ein anderes Leben verwirklicht«, beschreibt Thomas aus Deutschland sein Reisemotiv. Wie Bernhard hat auch er seine Lebensgefährtin zu Hause gelassen und mit ihr im wahrsten Wortsinn eine zweiwöchige Sendepause vereinbart – was jedoch nicht zur Schlussfolgerung führen soll, dass keine Paare an Bord der Sea Cloud sind. Davon gibt es sogar sehr viele.

Als Bernhard klein war, Mitte der 60er-Jahre, befeuerten vorweihnachtliche Fernsehvierteiler im ZDF die jugendlichen Segelschiff-Fantasien. Da gab es zum Beispiel »Die Schatzinsel«. Oder »Robinson Crusoe«, der vor der südamerikanischen Küste zum hilflosen Spielball der Naturgewalten wird und sich nach dem Untergang des Dreimasters Esmeralda als einzig Überlebender an einem unbekannten Strand wiederfindet.

Tradition meets Technik

Schönere Konsequenzen – gemeint im doppelten Wortsinne – kann ein Schiffbruch wohl nicht haben. Und doch möchte wohl nicht einmal der leidenschaftlichste Nostalgiker mit Robinson tauschen. Wozu auch. Schließlich ist die Sea Cloud für manchen Reisenden hier so etwas wie eine Insel der Seligen, die in diesem Fall mitten im Atlantik schwimmt, glücklich abgeschnitten von der Außenwelt.

Die guten alten Zeiten der Segelschifffahrt haben sich seit dem etwas verändert. Auch ein 85 Jahre altes Traditionsschiff kommt heute nicht ohne moderne Technik aus. Gegen acht Uhr morgens schließt der Electronic Technical Officer (ETO) sein Büro, die »Funkerbude« unter dem Steuerhaus, auf und fährt als Erstes den Computer hoch. Einige Tage nach der Abreise beginnt er mit der Ausgabe von »Bezugsscheinen« – damit die Gäste Internetverbindungen herstellen können. Nach einigen Tagen Funkstille mit zu Hause läuft der Abverkauf der geheimen Passwörter für das Bord-Internet prächtig.

Vor allem Simon hat sich von seiner Frau Lyle gleich mehrere Coupons mitbringen lassen. Der Amerikaner gehört auf den Transatlantikfahrten der Sea Cloud zu den Stammgästen. Mit seinem blauen Troyer, einem klassischen Seemannsrolli, und der kecken Pudelmütze könnte er fast zur Besatzung gehören. Simon geht von Bord aus seinen Geschäften nach und sucht Verbindungen an Land, die nicht privater Natur sind. Er macht zwischendurch das, was Bernhard gern dauerhaft machen würde: »Einer muss ja schließlich das Geld für die nächste Überfahrt verdienen«, scherzt der Jurist. »Wenn jetzt auch noch die Handys wieder zu bimmeln anfangen«, beklagt sich

Handarbeit und viel Liebe zum Detail wird man auch im verstecktesten Winkel des Schiffs entdecken.

ein Passagier, »buche ich aber kein weiteres Mal eine Reise auf der Sea Cloud.« Doch es klingelt nichts.

Alle Mann im Seemannsgang

Jeden Morgen, Punkt acht Uhr, beginnt die Deckmannschaft ihr tägliches »Tauwerk« und setzt die Segel. Anschließend wird das Messing an Bord poliert oder der Lack der Holzaufbauten erneuert. Die Laune der Passagiere wird an den zunehmend sonnigen Vormittagen immer besser. Vorfreude auf die Passatwinde macht sich breit. Am sechsten Reisetag hat jeder seinen Platz an Bord gefunden. Alle sind ausgeschlafen und bewegen sich inzwischen mit dem Gang der Wellen über Deck – breitbeinig wie die Besatzung. Die Sea Cloud läuft rund acht bis zehn Knoten über Grund bei einem Seegang von fünf bis sechs: sehr gemütlich. Kapitän Wladimir Pushkarew rechnet sich mehrmals am Tag aus, wie viel Fahrt in der Nacht mit den Hilfsdieseln gemacht werden muss. Die durchschnittliche Tagesgeschwindigkeit soll bei 8,5 Knoten liegen, um die kommenden An- und Abfahrtszeiten in der Karibik zu halten. Damit liegt der motorisierte Rahsegler meistens voll im Plan.

Wer zwei Wochen – und wie einige Gäste noch länger – auf dem Viermaster gebucht hat, dem ist irgendwann Seegang lieber als Landgang. Es ist dies eines der letzten fühlbaren Abenteuer für Kreuzfahrer, eines

ohne Stabilisatoren und Geschmacksverstärker. Bei den Gästen stellt sich auf der Atlantiküberquerung schnell ein Gefühl großer Zwanglosigkeit und vermeintlicher Freiheit ein. Jeder Passagier kann an Bord seiner Wege gehen, seinen Gedanken nachhängen, dösen, lesen, sich zum Sonnenuntergang einen Drink einschenken lassen – oder einfach mal unter freiem Himmel einschlafen wie in einem großen Kinderwagen. Warm eingepackt in eine der Decken, geht das auf der Kissenlandschaft der »Blauen Lagune« auf dem Achterdeck besonders gut. Hier hat Andreas seinen Lieblingsplatz gefunden, nicht nur tagsüber. Als langsam auch die Nächte wärmer werden, geht er nicht mehr in seiner Kabine, sondern hier schlafen: Die Wiegebewegung der Se-

gelyacht ist im Heck am stärksten zu spüren. Vielleicht hat der Börsenmakler aus Deutschland auch ein wenig mehr Harmonie um sich herum nötig als andere an Bord? Dezember ist für ihn ein guter Monat, um einmal so richtig auszuspannen. Aus seiner Sicht ist das Jahr beruflich ganz gut gelaufen. »Nur privat geht es mir nicht so gut«, ergänzt er kurz und knapp. »Ich nehme mir nun öfter Auszeiten. Begonnen habe ich mit einer Arktisfahrt – wo man immer alles gemeinsam gemacht und jedem alles erzählt hat – da ist jeder ehrlich zu jedem.« Das entspannt ihn. Dann hat er die Sea Cloud für sich entdeckt. »Hier habe ich schnell gemerkt, dass ganz normale Menschen an Bord sind. Keine Wichtigtuer und arroganten Geldverdiener«, beschreibt Andreas das

Gefühl. Inzwischen, auf seiner vierten Fahrt, fühle er sich schon richtig zu Hause. Erst auf dem Rahsegler scheint sein getriebenes Alter Ego in den Hintergrund zu rutschen und er findet einen neuen Kurs zu sich selbst.

Nicht nur bei Andreas fällt der Stress vom Land nach wenigen Tagen endgültig ab. Auch die anderen werden zusehends entspannter und kommen auch anderen näher. Ein wahrlich exklusives Vergnügen, wieder einmal einen unverstellten Blick für den Mitmenschen zu bekommen. »Ist es nicht so, als ob wir mit Freunden auf einer Privatyacht fahren?«, wundert sich Heide, die an Bord einen Malkurs anbietet. »It's a relief«, bestätigt einer der Amerikaner an Bord. »This ship makes me feel at home.« Okay! Das Leben kann so einfach sein. Sieben Mal hat der »Silver Ager« aus Kalifornien mit der Igelfrisur die winterliche »Crossing« schon mitgemacht. Es klingt, als sei auch sein Leben an Land ein Leben im Haifischbecken gewesen.

O sole mio!

Die Zahl der überzeugten Wiederholungstäter bei den Transatlantikreisen ist überraschend hoch. Man kennt sich an Bord. Na ja, mehr oder weniger: »Wir haben uns doch auch schon einmal gesehen«, behauptet Marion erfreut, als sie ein ihr bekanntes Gesicht trifft. »Sie waren doch schon vor drei Jahren auf der Winterreise dabei.« Marion aus Süditalien ist in gehobener Stimmung. Sie ist es,

die an diesem Abend für eine Überraschung gesorgt hat. Showeinlagen gibt es ja normalerweise nicht an Bord, ein Schwertfisch auf dem Büfett genügt in der Regel vollkommen. Doch nach der Vorstellung von nautischem Personal und der Servicecrew an Deck – sie werden von den Gästen wie Rockstars mit Freudenpfiffen und Beifall bedacht – singt Marion schließlich voller Glück ein stimmungsvolles »O sole mio«. Günter, der 86-jährige Siemens-Schiffsingenieur a. D. stimmt gleich mit ein. Beide bringen ihr Ständchen auf der Sea Cloud mit Bravour zu Ende. Es gerät in der stimmlichen Ausgestaltung schön schräg und dabei in der emotionalen Verbundenheit des Duos, das sich eben erst gefunden hat, so harmonisch, dass es manchen zu Tränen rührt.

1 Jeder Tag eine neue kulinarische Offenbarung – für das leibliche Wohl sorgen Spitzenköche. Sie zelebrieren Nouvelle Cuisine, landestypische Spezialitäten und das Beste aus dem Meer.

2 Der unwiderstehliche Charme, Prunk und Flair der 1930er-Jahre ist auf der Sea Cloud erhalten. Damit das auch so bleibt, ist sorgfältige Pflege mit viel Liebe zum glänzenden Detail nötig.

3 In der Kabine Nr. 1 der einstigen Eignerin, Marjorie Merriweather Post, wähnt man sich eher in Schloss Versailles als auf einem Schiff. Für die exzentrische Lady war das Beste gerade gut genug.

Hand-Arbeit

Auf der Sea Cloud beträgt das Verhältnis Crew zu Passagieren fast 1:1. Doch die 66-köpfige Mannschaft ist nicht ausschließlich mit Gäste-Betütern beschäftigt. Wenn die Segel gesetzt und eingeholt werden, müssen alle ran. Die Passsagiere sind meist vollzählig an Deck versammelt, wenn es heißt: »Alle Mann in die Wanten!«

Luxusfaktor Zeit

Spätestens am vierten oder fünften Reisetag sind die Gäste auf »ihrem« Schiff richtig angekommen. Mit den Gegebenheiten an Bord ist jeder zu diesem Zeitpunkt vertraut. Mit den Mitreisenden ist man es dann mittlerweile auch. Menschen, die 16 Tage lang auf Transatlantikpassage gehen, sind nicht darauf aus, rasch von A nach B zu gelangen. Für sie hat Zeit eine besondere Qualität. Sie schätzen zum Beispiel Situationen wie den abendlichen Absacker auf dem Lido-Deck. Dennoch ist niemand zu vernehmen, der mit einer Fahrt auf der Viermastbark protzen möchte – goldene Wasserhähne hin oder her. Die wurden ohnehin von der ersten Eignerin Marjorie Merriweather Post nur deshalb angeschafft, weil

Messing mühsamer zu putzen ist. So heißt es. Es geht auf dieser Reise auch nicht vorrangig um ein rein touristisches Interesse. Das ließe sich auf anderen Törns weitaus besser befriedigen. Die Erinnerungsbilder, die hier entstehen, werden von der Seele eingefangen, nicht von Fotokameras oder Camcordern. »So etwas wie hier an Bord«, sinniert Programmierer Bernhard, »das stimmige Zusammenwachsen einer Gruppe, ist wirklich etwas Besonderes. Schließlich werden die Menschen zunehmend nur noch mit sich selbst beschäftigt sein, wenn die ganze Technisierung so weitergeht.«

Das Geborgensein in einer kompetenten Crew, die sich mit Herz um das Wohlergehen der Gäste kümmert, mag auch viele Allein-

reisende zur Atlantikfahrt bewegen: die Sea Cloud als Arche Noah guter Gefühle. Auf normalen, trubeligen Kreuzfahrtschiffen werden sie womöglich deutlicher und manchmal unangenehm an ihr Singledasein erinnert. Sammler und Jäger – diese Spezies hat nicht angeheuert. »Eigenartigerweise fühlen sich Alleinreisende wie ich an Bord sofort wohl«, erzählt Petra. »Wenn ich darauf aus wäre, unbedingt jemanden kennenzulernen, dann würde ich ja vermutlich eine Fahrt mit einem großen Kreuzfahrtschiff buchen – und damit nach Ibiza fahren oder nach Barcelona.« Sie fühle sich an Bord des Großseglers, als sei sie mit einer Großfamilie unterwegs. »Das ist wie unter Freunden hier. Man darf sich fallen lassen.« Die Tierärztin, die gerade eine schwere Krankheit überwunden hat, versucht ihren Rhythmus wiederzufinden. Und dazu den richtigen Ort, mitten im Fahrtwind.

Plätzchen für Genießer

Einer der schönsten – von den meisten Passagieren unentdeckten – Plätze befindet sich über der Brücke. Zwischen Schornstein und Fockmast öffnet sich über dem Steuerhaus eine Fläche von rund zwanzig Quadratmetern mit einer fantastischen, fast ungestörten Rundumsicht auf das Schiff. Eine kurze Eisenleiter führt senkrecht hinauf. Doch der elegante Nostalgie-Viermaster bietet überall an Deck ausreichend Platz, nicht nur auf dem sogenannten Monkey Deck. Es findet sich im-

Endstation Sehnsucht

Die Karibik ist nicht nur das Endziel der Transatlantik-Route, sondern in den Wintermonaten auch das bevorzugte Segelrevier der Sea Cloud. Im April geht es wieder in Richtung Mittelmeer.

mer ein freier Liegestuhl – wahlweise allein stehend oder so gereiht, dass man sich mit dem Liegestuhlnachbarn unterhalten kann. Oder auch nicht.

Die alte Lady drückt aufs Tempo

Am neunten Tag erwischen die Passatwinde den Rahsegler voll. Neptuns Atem geht jetzt kräftig und gleichmäßig. Der Kapitän ist ganz aus dem (Steuer-)häuschen: Die Sea Cloud macht 9,3 Knoten. Das ist enorm schnell, das ist spitze! Das Schiff läuft Höchstgeschwindigkeit unter Vollzeug bei maximaler Entschleunigungsleistung. Nicht nur der Oldtimer, auch die Gäste kommen dabei rich-

tig in Fahrt. »Captain, irgendwelche Schiffe in der Nähe?«, fragt Mary aus Michigan, als sie Wladimir Pushkarew wieder an einem der beiden Radargeräte stehen sieht. »Nein, nichts mehr zu sehen«, antwortet er scherzend. »Wir haben inzwischen alle überholt.« Tatsächlich war wohl morgens um vier Uhr in einer Entfernung von 28 Seemeilen ein Tanker auf dem Radar zu sehen gewesen – aber auch nur dort.

Keiner der Passagiere weiß, ob er im kommenden Jahr wieder die körperliche und finanzielle Kraft haben wird, noch einmal eine Atlantiküberquerung mit diesem Schiff zu

meistern. Günter zum Beispiel ist 86 Jahre alt. »Die Sea Cloud riecht noch richtig nach Schiff«, schwärmt der rüstige Mann aus Kiel, der einst bei der Kriegsmarine diente. Bereits zweimal hatte er die jährliche Atlantiküberquerung für jeweils zehn Jahre im Voraus gebucht. Dabei bucht er immer eine der ehemaligen Offizierskajüten. Die sind zwar klein und mit Doppelstockbetten ausgestattet. Aber: Man kann darin bei offener Tür mit Blick aufs Meer einschlafen – und aufwachen. »Jetzt hat die Reederei wieder angerufen«, erzählt Günter schmunzelnd, »aber ich kann mich ja nicht noch einmal auf zehn Jahre festlegen und buche nur noch von Jahr zu Jahr.«

Loblied auf die Freundschaft

Wir alle müssen irgendwann Abschied nehmen von diesem Traum in Weiß. Die Stimmung vor dem letzten Kapitänsdinner ist heiter gefasst. Die Speisefolge lässt nicht viel Zeit für Sentimentalitäten: gebackener Feta-Käse mit Trüffelhonig, französische Wildente auf Sherrykraut mit Apfel, Tamarillo-Sorbet, Hummerschwanz mit Spargelrisotto an Sauce Choron, Delice von Schokolade und Passionsfrucht, dazu Jahrgangsweine aus Spanien und dem Piemont. Und dieses Mal ist es nicht Marion aus Italien, die den Ton angibt, sondern Thomas aus Finnland. Kerzengrade steht er mitten im Salon, erhebt sein Glas und bringt einen irischen Toast auf Schiff und Kapitän aus. Ein Loblied auf die Gemeinschaft: »There are good ships and there are wood ships. The ships that sail the sea. But the best ships are friendships. And may they always be.« Dem ist wohl nichts hinzuzufügen.

Zeit für zwei

Die Sea Cloud wird gerne für den besonderen Anlass gewählt: Sei es eine Hochzeitsreise, ein Ehejubiläum oder die Erneuerung des Eheversprechens – der bildschöne Windjammer ist der perfekte Rahmen für große Gefühle. Manchmal spielt die Sea Cloud sogar Liebesgöttin: 1992 verliebten sich eine Zweite Offizierin und ein Passagier während einer sturmgepeitschen Nacht in der Straße von Gibraltar ineinander. Das Ehepaar lebt heute mit seinen beiden Kindern in Frankreich.

Windjammer-Legende für Segel-Enthusiasten

Steckbrief Sea Cloud

Reederei: Sea Cloud Cruises/
Hansa Treuhand Schifffahrts-
gruppe
Gebaut: 1931, renoviert 2011
Dimensionen: 2523 BRZ, Länge:
109,50 Meter, größte Breite:
14,94 Meter
Passagierdecks: 3
Passagiere: max. 64
Mannschaft: 60
Einsatzgebiet: Europa, Karibik,
Transatlantik, Mittelamerika

Kabinen & Suiten

32 Außenkabinen (davon
10 Kabinen im Originalbereich
mit Marmorbad, mit Dusche/
WC). Ausstattung: Bademantel,
Föhn, Direktwahl-Telefon, individuell regulierbare Klimaanlage,
persönlicher Safe

Restaurant & Bars

Restaurant (69 Plätze) mit
freier Tischwahl, eine Sitzung.
Alkoholfreie Getränke und

Tischwein zu den Mahlzeiten
inklusive. Der Reisepreis enthält
eine Vollpension mit Kaffeebü-
fett am Nachmittag und einem
Mitternachtssnack. Lidodeck
mit Bar (alkoholische Getränke
müssen bezahlt werden; mode-
rate Preise: eine kleine Flasche
Beck's kostete auf der Transat-
lantikreise zuletzt 3,50 Euro).

Unterhaltung & Ausflüge

Auf einem echten Windjammer
stehen das Segeln und die Se-
gelmanöver im Mittelpunkt.
Bei ausgewählten Reisen sind
zudem Lektoren, Wissenschaftler oder Künstler an Bord, die
interessante Vorträge halten.
Zur Kaffeezeit und am Abend
spielt ein Bordpianist. Darüber
hinaus steht eine kleine Bordbibliothek mit deutscher und
englischsprachiger Literatur zur
Verfügung. Als besonderes Extra
sind auf allen Abfahrten in der
Karibik die Landausflüge bereits
im Reisepreis eingeschlossen.

Bordsprache & Dresscode

Die Bordsprachen sind Deutsch
und Englisch. Dresscode gibt
es keinen. Ob leger oder
sommerlich-elegant, das bleibt

Nach der Rundumerneuerung ist
die alte Lady schöner denn je.

den Gästen überlassen. Beim
traditionellen Captain's Dinner
sind dunkler Anzug und Cock-
tailkleid die beste Wahl.

Fazit

Wer ein 5-Sterne-Schiff nicht
automatisch mit TV-Flat-
Screens, Nachtclubs, Spielcasino,
Fitnessraum sowie diversen
Feinschmecker-Restaurants
verbindet, ist auf dem Nostal-
giesegelschiff richtig. Die Sea
Cloud ist im Größenvergleich
mit Kreuzfahrtriesen ein Winz-
ling und wird traditionell von
Hand gesegelt. Die Gäste können den Matrosen zuschauen,
wenn sie in die Wanten steigen
und 3000 qm Segelfläche setzen.
Fahrtgebiete sind so umsichtig
gewählt, dass kein Passagier
Angst vor Seekrankheit haben
muss. Der Großsegler macht
auch bei Flaute viel Spaß: Wenn
möglich werden auf jeder Reise
Boote zu Wasser gelassen,
damit die Gäste vom Wasser
aus Bilder vom Schiff aufnehmen
können.

Info & Buchung

Sea Cloud Cruises GmbH, An
der Alster 9, 20099 Hamburg,
Tel. 0 40/30 95 92 50,
www.seacloud.com und
im Reisebüro

20 Die Perle der Südsee

Die Luxusyacht Paul Gauguin ist der Schlüssel zu verborgenen Schönheiten Polynesiens.

Kirsch- und Mahagonihölzer, Chrom und Marmor, elegantes Design und der betörende Duft der Tiare Tahiti, Polynesiens Nationalblume, verleihen der 165 Meter langen Yacht Paul Gauguin ihr Flair. Einheimische Künstler machen mit Musik- und Tanzdarbietungen den Südseezauber perfekt.

Von Tahiti startet die schlanke Yacht mit maximal 330 Passagieren zu ihrer elftägigen Kreuzfahrt durch die Inselwelt Französisch-Polynesiens. Sie ist für die flachen Küstengewässer dieser Region konzipiert und kann auch kleinere Häfen und Buchten anlaufen, die für größere Schiffe unerreichbar sind. Die ideale Reise auf den Spuren des Malers Paul Gauguin, der in der Südsee seinen Lebensabend verbrachte.

Paul Gauguin
Zielgebiet: Südsee, Mittelmeer
Buchung: Paul Gauguin Cruises,
www.pgcruises.com oder im
Reisebüro, z. B. TUI

21 La vie en rose

Auf der Seabourn Quest muss man die Hand nur zum Champagner-Ordern heben.

Ein Schelm, der Dekadentes dabei denkt. Auf der Seabourn Quest, dem jüngsten Zuwachs der luxuriösen Seabourn-Yachtflotte, werden die Gäste zum süßen Nichtstun regelrecht erzogen. Wünsche werden von den Augen abgelesen und erfüllt, bevor sie ausgesprochen werden müssen – wie sich das für ein Mitglied der »World's Leading Cruise Lines« gehört. Auf dem Schiff mit seinen 225 Suiten erleben die Passagiere das Flair und den Luxus, wie man ihn sonst nur auf Privatyachten erfährt. Auch an Land dürfen sie mit dem Ungewöhnlichsten rechnen – sei es eine Fahrt mit einem Heißluftballon über die bizarren Felsformationen von Kappadokien in der Türkei, ein Kochkurs im Palast La Posta Vecchia bei Rom oder eine romantische Pferdekutschentour mit Rosen und Champagner durch Paris.

Seabourn Quest
Zielgebiet: weltweit
Buchung: Seabourn Cruise Line, Tel. 08 00/
18 72 18 72, http://de.seabourn.com

22 In das Reich des Drachen

Exklusiver lässt sich Vietnam kaum erleben als an Bord der Azamara Quest.

Nebelschwaden umspielen die kleineren und größeren Kalkfelsen, als die Azamara Quest in den frühen Morgenstunden durch die Halong-Bucht gleitet. 2000 Steinriesen, einige davon Hunderte Meter hoch, verteilen sich über die Bucht, deren Name auf Vietnamesisch »Bucht des untertauchenden Drachen« bedeutet. Der Legende nach war ein Drache aus den Bergen zum Meer gelaufen, dabei zog er mit seinem Schwanz tiefe Furchen ins Land. Als er schließlich ins Meer tauchte, wurde das Gebiet überflutet. Mit Kajaks gehen die Gäste der Azamara Quest auf Entdeckertour durch das Insellabyrinth, angeführt vom Kapitän höchstpersönlich. Zurück an Bord genießen sie die Annehmlichkeiten einer eleganten Luxusyacht. Über 400 Crewmitglieder sorgen mit aufmerksamer Herzlichkeit für das Wohl der knapp 700 Passagiere. In den Suiten wird sogar Butlerservice angeboten. Die Halong-Bucht ist nur einer der Höhepunkte der 14-tägigen Vietnamreise von Singapur nach Hongkong.

Azamara Quest
Zielgebiet: weltweit
Buchung: Azamara Club Cruises, Tel. 08 00/724 03 47, www.azamaraclubcruises.de

23 Im Feuerring

Die luxuriöse Austral steuert auf dem Weg von Kamtschatka nach Japan aktive Vulkane an.

Es zischt, brodelt und dampft, imposante Rauchschwaden steigen auf, und Asche regnet vom Himmel. Die Natur zeigt sich hier, am Ende der Welt, mit ihrer ganzen wilden Kraft zur Erneuerung, während die Passagiere der Austral in Schlauchbooten das titanische Schauspiel eines aktiven Vulkans bestaunen. Die unter französischer Flagge fahrende Austral ist ein Luxus-Kreuzfahrtschiff, das über die Eisklasse 1C verfügt und damit eine Eisdicke bis zu 40 Zentimetern problemlos bewältigen kann. Speziell für Polargebiete ausgerüstet, genießen die Gäste also selbst in den Extremregionen unserer Erde einen hochklassigen Service. Dabei bietet die Superyacht mit ihren 132 äußerst eleganten Kabinen und Suiten eine vergleichsweise intime Atmosphäre.

Im Frühherbst befährt die Austral die nahezu unberührten Gewässer des Ochotskischen Meeres im Osten Sibiriens. Die Reise führt sie von Petropavlovsk, der Hauptstadt der Halbinsel Kamtschatka, nach Kanazawa auf Japans nördlichster Insel Hokkaidō. Dazwischen erstreckt sich der rund 1200 Kilometer lange Archipel der Kurilen – aus dem Pazifik herausragende Vulkangipfel. Die 56 Inseln bilden wie eine Brücke die geografische Verbindung zwischen Russland und Japan. Dieser »Feuerring des Pazifiks« wartet mit einer erhabenen Landschaft auf: wilde Flüsse, sprudelnde Wasserfälle, schwarze Sandstrände, Kraterseen und Ehrfurcht gebietende Vulkane. Das Team erfahrener Naturführer an Bord führt die Gäste bei Ausfahrten und Anlandungen zu Seeottern, Schweinswalen, Seehunden, Walrossen, Braunbären, Rentieren und zahlreichen Vögeln – ein einmaliges Naturerlebnis!

L'Austral
Zielgebiet: weltweit
Buchung: Ponant Yacht Cruises & Expeditions, Tel. 040/808 09 31 43, http://de.ponant.com

24 Kleine Seefahrer groß im Kommen

Wer glaubt, Luxuskreuzfahrten seien nur etwas für gut situierte ältere Paare, wird auf der Europa seinen Augen nicht trauen: Bei der Reise nach Spitzbergen und Grönland erleben drei Generationen ein unvergessliches Reiseabenteuer.

Text: Oliver P. Mueller

Die sieben Jahre alte Lisa ist zwischen Neugier und Ehrfurcht hin- und hergerissen. Der in schicke Uniform gekleidete Bär, der ihr an der Pier die pelzige Hand entgegenstreckt, scheint ungefährlich zu sein. Käpt'n Knopf, in dem ein Kinderbetreuer steckt, ist das neue Maskottchen der Europa und übernimmt im Hafen von Travemünde die Begrüßung der kleinen Passagiere. Lisas Bruder Jonas ist die Sache nicht ganz geheuer und er zupft vorsichtshalber an der Uniformjacke von Käpt'n Knopf. Während sich die Kinder mit ihm anfreunden und die Crew alle Eincheck-Formalitäten erledigt, dürfen sich die Erwachsenen mit einem Glas Champagner auf die bevorstehende Reise einstimmen. Noch ein Foto, dann geht es an Bord des Flaggschiffs der Hamburger Reederei. Mit maximal 408 Passagieren ist sie eher Yacht als Megaliner – doch heute ist sie das größte Schiff im Hafen des Ostseebads.

Der »richtige« Kapitän und der Hoteldirektor heißen die neuen Gäste an Bord per Handschlag willkommen, bevor sie zu ihren Suiten begleitet werden. Dort warten schon Erdbeeren mit Puderzucker und gleich noch mal der Champagner. Während die Erwachsenen über das geräumige Bad und den begehbaren Kleiderschrank staunen, zieht es die Kinder voller Ungeduld auf Entdeckungstour an Bord. Erste Anlaufstelle ist der Kinderclub auf dem Sport Deck. Hier haben sich bereits mehrere Gleichaltrige mit ihren Eltern eingefunden. Erste Kontakte werden geknüpft. Die Kinderbetreuer erläutern den Eltern das Programm für die nächsten Tage. Spätestens als Käpt'n Knopf wieder auftaucht und die Kleinen zum Schiffsrundgang einlädt, ist Mama und Papa klar: Jetzt sind wir überflüssig.

Käpt'n Knopf ist das neue Maskottchen von Hapag-Lloyd-Kreuzfahrten auf allen Familienreisen.

Einen langen Seetag braucht die Europa für ihre erste Etappe bis Lerwick auf den Shetlandinseln. Es ist der Beginn einer besonderen Kreuzfahrt, die ein Programm für drei Generationen parat hält. Für viele der ohne Kinder reisenden Stammgäste ist der Mix von Jung und Alt eine erfrischende Bereicherung des Bordlebens – auch wenn die Wartezeit vor dem Stand mit den gerade gebackenen Waffeln länger ist als sonst üblich. Beim Abendessen gibt es derlei Kollisionen nicht: Während die Erwachsenen die Menüs im Europa Restaurant, die mediterranen Köstlichkeiten des Venezia oder die Sterneküche im Restaurant Dieter Müller genießen, sind die Kleinen am Kindertisch auf dem Lido-Deck unter sich. Und während an den ersten Abenden noch manch schüchterner Junior lieber bei Mama und Papa tafelt, sind im Laufe der Reise immer weniger Kinder an den Tischen des Restaurants auszumachen. Früher oder später weicht die Scheu, dann werden Freundschaften geschlossen, und das bunte Angebot mit Abenteuer und Action, das die Kinderbetreuer austüfteln, erleben die Kleinen gemeinsam. Mal ist es ein Besuch auf der Brücke beim Kapitän, mal ein Ausflug in die Schiffsküche und immer wieder spannende Landgänge.

Die Welt der wilden Wikinger

Jeden Abend beim Gang in die Kabine steigt die Spannung: Was mag wohl der nächste Tag bringen? Das ausgedruckte Programm liegt schon bereit, und ein Highlight ist gleich entdeckt: ein Ausflug nach Lerwick in das Wikinger-Museum, wo sich die Kinder als »Wickie« verkleiden und die Welt der wilden Nordmänner spielerisch erkunden können.

Offensichtlich fällt manchen Eltern die Trennung schwerer als den Kindern. Das wird am nächsten Tag auf den Färöer-Inseln deutlich, als Kapitän und Kreuzfahrtdirektor die motorisierten Schlauchboote, sogenannte Zodiacs, für die kleinen Gäste klarmachen. Von der Veranda aus winken und rufen Mama und Papa, was das Zeug hält. Doch ihre Sprösslinge sind so in ihrem Element, dass sie ihre Eltern gar nicht mehr bemerken. Mit lautem »Mäh« begrüßt eine Schafherde die kleinen Entdecker auf einer Farm am Rande von Tórshavn. Jonas hat schnell sein Lieblingsschaf ausgemacht und spontan Schafbauer zum neuen Berufswunsch erkoren. Job-Ideen wechseln allerdings schnell. Zurück auf dem Schiff in der »Sansibar«, der schwimmenden Dependance der beliebten Sylter Strandhütte, fliegen beim Cocktail-Kurs die Eiswürfel

1 XXL-Dimensionen: Grönland und Spitzbergen gehören sicher zu den interessantesten Destinationen der Erde. Vor allem die Kinder sind von den endlos weiten Eis- und Gletscherwelten überwältigt.

2 Von den kargen Lebensbedingungen im hohen Norden ist an Bord der Europa nichts zu spüren. Kulinarisch wird jeden Tag ein Feuerwerk gezündet. Hummer steht bei den Gourmets immer hoch im Kurs.

Kurs auf Grönland

Selbst im Sommer treiben Eisschollen durch die Diskobucht. Die Europa ankert vor Ilulissat, Grönlands drittgrößter Stadt mit knapp 5000 Einwohnern. Markantestes Gebäude ist die Zionskirche. Auch Kanzlerin Angela Merkel war vor einigen Jahren auf Informationsbesuch hier.

Gipfel für Genießer

✦✦✦

durch den Raum, und schon steht der neue Traumberuf fest: Barkeeper. Es wird gebastelt, am Computer gespielt, sogar ein Fechtkurs ist im Angebot. Auf den Westmänner-Inseln und auf Island kommen dann noch Gletscher- und Vulkanforscher dazu. Vulkane und Geysire prägen hier die Landschaft spektakulär. Sogar ein sommerliches Bad im Freien ist im hohen Norden drin: 38 Grad warm ist das Wasser der Blauen Lagune. Durch Lavafelder und vorbei an Islands tiefstem See gehen Eltern und Kids zusammen auf Inseltour. Überall zischt und brodelt es, Dampfsäulen steigen aus dem Boden.

Keine Titanic-Szenarios

Von Island nimmt die Europa Kurs auf Grönland, und es dauert nicht lange, bis die ersten Eisfelder in Sicht kommen. Wir wissen um die langjährige Erfahrung von Kapitän Damaschke auf Expeditionsschiffen. Titanic-Szenarios sind also nicht zu befürchten. Als jedoch Nebel aufzieht, tastet sich die Europa nur noch langsam voran und Grönland muss links liegen bleiben. Das entscheidet der Kapitän auf jeder Reise neu. Stattdessen laufen wir Jan Mayen an, eine zu großen Teilen vergletscherte Vulkaninsel, auf der meist nur einige Wissenschaftler und Techniker leben. Walfänger machten hier einst Station, begruben ihre Toten oder ließen die Überreste der gejagten Meeresgiganten zurück. Mit den Zodiacs geht

Mit Zodiacs zum Landgang. Mal sind die Kinder mit ihren Eltern auf Entdeckertour, mal bleiben sie unter sich.

es zum Landgang, der eine Überraschung für die Passagiere bereithält: Unweit vom Strand hat die Crew eine Kaffeetafel gedeckt und zaubert gekonnt einen Hauch Europa-Noblesse auf dieses gottverlassene Eiland.

Die Seetage sind der Entspannung gewidmet. Beispielsweise im Spa bei einer Massage. Oder man träumt im Liegestuhl vor sich hin. Eis am Horizont kündigt die Nähe von Spitzbergen an. Spitzbergen ist eine Inselgruppe, die sich am südlichen Rand des arktischen Ozeans zwischen 76. und 81. Grad nördlicher Breite erstreckt. Hier treffen Grönlandsee, Barents- und Norwegische See aufeinander. Gletscher und permanente Schneefelder bedecken hier 60 Prozent der Landesfläche. In dieser wilden Region wachsen keine Bäume mehr, die karge Vegetation besteht aus Zwergstrauchheide und kleinsten Wildblumen. Ab und an ziehen Eisbären vorbei. Unsere erste Anlaufstelle ist die Siedlung Ny-Ålesund, die nur wenige Gehminuten vom Pier entfernt liegt und eine Attraktion bereithält: das nördlichste Postamt der Welt. Kein Kreuzfahrtpassagier lässt sich die Gelegenheit entgehen, eine Postkarte an die Lieben daheim zu schicken. Sicherheitshalber begleiten bewaffnete Guides die Gäste. Doch heute haben die weißen Riesen wohl etwas anderes vor und lassen sich nicht blicken.

Die Wucht von weißen Riesen der anderen Art erleben wir bei der Weiterfahrt durch die bizarre Fjord- und

Jedes einzelne Gericht ist ein kleines Kunstwerk. »Gâteau und Praline von der Gänseleber« schmelzen auf der Zunge. Beim »Duo von Jakobsmuschel und Garnele« kitzelt das Chili-Kokos-fumet den Gaumen. Meisterkoch Dieter Müller (u. li.) ist in seinem Element. Sein Restaurant im Schloss Lerbach wurde mit drei Michelin-Sternen dekoriert, sogar eine Rose wurde nach ihm benannt. 2010 hat er auf der Europa sein eigenes Spitzenrestaurant eröffnet. Als Patron ist er 70 Tage im Jahr persönlich mit an Bord. Hier genießt er nicht nur die Arbeit auf den Weltmeeren, sondern auch den regen Austausch mit dem Küchenchef und Wohlfahrt-Schüler Stefan Wilke, der die übrigen drei Restaurants an Bord der Europa verantwortet.

Nachhilfe beim Kapitän

Auf welchem Kurs befindet sich das Schiff gerade? Auf welcher Route geht es weiter? Kein Geringerer als Europa-Kapitän Hagen Damaschke erklärt den jungen Passagieren, worauf es in seinem Job ankommt. Kein Wunder, wenn am Ende der Reise Kapitän, bzw. Kapitänin in der Liste der Berufswünsche ganz oben steht.

Gletscherwelt Spitzbergens, die Erwachsene und Kinder gleichermaßen in ihren Bann zieht: Im Lillehöökfjord geht es mit den Zodiacs ganz nah an die Gletscherkante. Der Motor wird ausgeschaltet, es ist mucksmäuschenstill – bis es plötzlich zu knirschen beginnt und ein riesiges Stück Eis ins Meer kracht. Der Gletscher kalbt, wie es korrekt heißt, die Bootsinsassen verfolgen gebannt dieses Naturschauspiel, bei dem die Boote ins Schaukeln gekommen und die vielen blau schimmernden Eisschollen in Bewegung geraten sind.

Barbecue im Lloyd-Hotel

Im Møllerfjord steuern die Schlauchboote die gleichnamige Bucht an. Hier ist ein Stück Kreuzfahrt-Tradition zu finden: das »Lloyd-Hotel«. Es wurde 1926 von den Matrosen der Lloyd-Dampfer als Schutzhütte für Arktis-Reisende errichtet. Jeder Besucher trägt sich ins Gästebuch ein, während die Crew der Europa eine weitere logistische Meisterleistung vollbringt. Innerhalb kürzester Zeit werden Küchen-Ausrüstung und Proviant zum »Lloyd-Hotel« getendert. Das Strand-Barbecue gilt unter Stammgästen als legendär. Steak, Bratwurst und heiße Suppe stehen bald für die Passagiere bereit. Das Bier gibt es an der nördlichsten Bar der Welt ganz rustikal vom Fass.

Nach diesem Exkurs steuert die Europa wieder Richtung Süden auf ein weltberühmtes Highlight zu: das Nordkap. Es gehört zu Magerøy, der nördlichsten bewohnten Insel Norwegens. Die Weltkugel auf der Nordkap-plattform, 307 Meter über dem Meer, gehört zu den begehrtesten Fotomotiven. Dabei ist das Nordkap entgegen einer weitverbreiteten Auffassung gar nicht wirklich der nördlichste Punkt Europas. Doch seit dem Anschluss an das Straßennetz über die Europastraße 69 im Jahr 1956 ist es der nördlichste Punkt Europas, der auf Straßen vom europäischen Festland erreicht werden kann. Vor allem im Sommer, wenn die Sonne hier am 71. Breitengrad zweieinhalb Monate lang nicht untergeht, ist der Andrang der Touristen groß.

Rentiere und Schlittenhunde

Die Kids beschäftigen sich nicht lange mit geografischen Fakten, für sie steht ein Besuch bei Niels und seinen Rentieren an. Die Frage, ob die Rentiere mit ihren mächtigen Geweihen tatsächlich vor den Schlitten des Weihnachtsmanns gespannt werden, kann nicht mit letzter Sicherheit geklärt werden und sorgt auch im Bus auf der Rückfahrt zum Schiff noch für lebhafte Diskussionen. In der nordnorwegischen Stadt Tromsø steht noch die Fahrt zum Storsteinen-Plateau auf dem Plan, von wo aus sich ein traumhafter Blick auf die Stadt und den Hafen öffnet. Für die Kinder ist der Ausflug zur Insel Kvaløya viel spannender: Dort unterhält die Familie Albrigtsen eine Schlittenhundefarm mit über 200 Alaska-Huskys, von denen einige an internationalen Rennen mit bis 1000 Kilometer Länge teilnehmen. Während sich der Nachwuchs nachmittags wieder an Bord im seinem Club vergnügt, sind die Erwachsenen zum Konzert in die berühmte Eismeerkathedrale eingeladen – der perfekte Rahmen für die Werke von Edvard Grieg und Ludwig van Beethoven. Das Konzert ist der krönende Abschluss der Künstler und Musiker eines ARD-Wettbewerbs, welche die Gäste schon während der ganzen Reise begeistert haben.

Abschied von Käpt'n Knopf

Das Ende der Reise naht. 20 Tage hat sie gedauert. Am letzten Abend singen die Passagiere mit der Mannschaft inbrünstig Seemannslieder, die Seekarte wird für einen guten Zweck versteigert. Für Lisa und Jonas heißt es Abschied nehmen von den lieb gewonnen Kidsclub-Betreuern – und von Käpt'n Knopf. Eine Mini-Version des beliebten Bären dürfen sie mitnehmen. Sie wird helfen, die Erinnerung an die Europa wachzuhalten, nachdem sie im Hafen von Travemünde einen letzten Blick auf das Schiff geworfen haben.

Baby an Bord

Eltern kennen das: Je kleiner das Kind, desto größer das Gepäck. Die Europa bietet den Gästen mit Nachwuchs wertvolle Hilfe bei der Logistik. Bereits vor der Reise kann jede Familie kostenlos ihr persönliches Baby-Welcome-Paket zusammenstellen: So werden einfach per Formular beispielsweise Windeln in passender Größe und Anzahl sowie Babynahrung in den gewünschten Sorten und wahlweise in Bio-Qualität bestellt. Auch die Ausstattung der Suiten erfolgt wunschgemäß, z. B. mit Babyphone, Maxi-Cosi, Babyreisebett, Kinderhochstuhl oder Babybadewanne.

Die Miss World auf den Meeren

Steckbrief Europa

Reederei: Hapag Lloyd-
Kreuzfahrten
Gebaut: 1999
Dimensionen: 28 890 BRZ
Länge: 198,6 Meter
Breite: 24 Meter
Passagierdecks: 7
Passagiere: max. 408
Mannschaft: 280
Einsatzgebiet: weltweit, jedes
Jahr eine neue Weltreise-Route

Suiten

204 Außensuiten, 36 ohne,
150 Suiten mit Veranda (alle
Suiten 27 qm), 4 SPA Suiten mit
Veranda (27 qm), 10 Penthouse
Deluxe Suiten (45 qm),
2 Penthouse Grand Suiten
(85 qm) und 2 behindertengerechte Außensuiten mit privater
Veranda (27 qm). Alle Kabinen
verfügen über separaten Wohn-
und Schlafbereich, begehbaren
Kleiderschrank, Föhn und regulierbare Klimaanlage, Badewan-
ne, Dusche, Telefon, TV-System
mit Satellitenprogrammen und
Filmen, Internet/WLAN, Minibar

*Publikumsliebling. Wo auch
immer die schöne Europa
auftaucht, steht sie sofort im
Mittelpunkt.*

(Softdrinks/Bier kostenlos) und
täglich frisches Obst. 24 Stunden Kabinenservice auf allen
Decks und Butlerservice auf
dem Penthouse-Deck.

Restaurants & Bars

Hauptrestaurant »Europa«,
eine Sitzung mit fester Tisch-
platzordnung, »Lido Cafe« mit
Außengrill, wechselnden The-
menbüfetts und Gastköchen.
Das Restaurant »Venezia« bietet
zum Mittag- oder Abendessen
feine italienische Küche, im
Restaurant »Dieter Müller«
verwöhnt ein Sternekoch als
Patron seine Gäste. Nachmittags gibt es Waffeln am Pool,
abends Late-Night Snack in der
»Sansibar«. Insgesamt sieben
Bars und Lounges mit internationaler Getränke-Auswahl.

Sport & Wellness

17 m langer Pool mit Innen-/Au-
ßenbereich, Whirlpool, Fitnesscenter mit Panoramablick, Personal Trainer, Gymnastik- und
Entspannungskurse, Stimulati-
onstraining, Sauna, Dampfbad,
Spa mit Massagen, Beauty- und
und Thalasso-Anwendungen
und Friseur. Joggingparcours,
Indoor-Golfanlage mit Golfsimulator, Golfanalyse und PGA
Golf-Professional.

Unterhaltung & Ausflüge

Varieté und Musicalshows, Klas-
sikevents, Gastauftritte namhaf-
ter Künstler und Lektoren. Jazz
und Kleinkunst. 3–6 Ausflüge
pro Hafen. Preise: ab ca. 50 €.
Buchung individueller Arrange-
ments über Reiseconcierge.

Bordsprache & Dresscode

Deutschsprachig. Die jeweilige
Kleidungsempfehlung für den
Abend findet man im täglichen
Bordprogramm: sportlich-
elegant (Herren mit Jackett),
abendlich-elegant (Herren mit
Jackett und Krawatte) oder
festlich (Gala). Tagsüber ist
sportlich-legere Freizeitbekleidung üblich.

Familienreisen

Hapag-Lloyd-Kreuzfahrten
bietet Familienreisen an Bord
der Europa und Europa 2 an.
Auf der Europa gibt es seit
2013 neue Familienkonditionen:
Kinder bis einschließlich elf
Jahre reisen bei Unterbringung
in der Suite der Eltern kostenlos. Kinder von zwölf bis
einschließlich 15 Jahre zahlen bei
Unterbringung in der Suite der
Eltern 60 € pro Nacht. Auf den
Familienreisen werden spezielle
Kinder- und Familienausflüge
angeboten (kostenpflichtig).

Das Betreuungsprogramm an
Bord sowie alle Mahlzeiten sind
inklusive.

Fazit

Die Europa vereint Luxus mit
dem Erlebnis einer klassischen
Kreuzfahrt. Das Unterhaltungsprogramm ist hochkarätig, die
Küche erfüllt höchste Ansprü-
che, dem Personal gelingt der
Balanceakt zwischen Unauf-
dringlichkeit und Herzlichkeit.

Info & Buchung

Hapag-Lloyd Kreuzfahrten,
Tel. 0 40/30 70 30 70, www.hl-
cruises.de oder im Reisebüro

25 Himmelbett an Bord

Widerstand zwecklos: Auf der SeaDream werden Gäste nach Strich und Faden verwöhnt.

Es ist sicher von einem gewissen Vorteil, wenn man im Umgang mit Hauspersonal Übung hat. Denn auf den beiden SeaDream-Yachten sorgt eine 94-köpfige Mannschaft mit überwältigender Konsequenz dafür, dass es den maximal 112 Gästen, überwiegend Paaren, an nichts fehlt.

Die Crew-Mitglieder kennen jeden Gast beim Namen. Auf den Superyachten SeaDream I und II, die zu den besten Schiffen der Welt gehören, wird ein umwerfend luxuriöses Verwöhnprogramm aufgefahren. In der Suite liegt schon der Pyjama mit dem Namen des Gastes bereit. Wer möchte, kann die Nacht in einem balinesischen Bett unter freiem Himmel verbringen. Die Passagiere fügen sich ihrem Schicksal widerstandslos, seufzen wohlig und genießen ohne Reue, wenn sie wieder einmal Kaviar nachgetragen und Champagner kredenzt bekommen.

SeaDream I und II
Zielgebiete: Mittelmeer, Karibik
Buchung: SeaDream Yacht Club
über M'Ocean, Tel. 067 33/92 97 98,
www.seadream.de, www.mocean.de

26 Simply the Best

Kann denn Nichtstun Sünde sein? Nicht an Bord eines Silversea-Kreuzfahrtschiffs.

»Ich habe einen einfachen Geschmack. Ich bin immer mit dem Besten zufrieden« – das berühmte Oscar-Wilde-Zitat darf auch als Credo der Silversea-Kreuzfahrtschiffe gelten. Die Suiten sind mindestens 22 Quadratmeter groß, mit Liebe zu edlen Details und allem Komfort ausgestattet – mit Bett und Bettwäsche nach Wahl, personalisiertem Briefpapier, exklusiven Pflegeprodukten und stets nach Wunsch gefüllter Minibar. Die Mitarbeiter wurden in den besten Hotelfachschulen ausgebildet. Das kulinarische Niveau ist das eines Sterne-Restaurants. Alle Mahlzeiten, Getränke und Trinkgelder sind inklusive. Wer Privatsphäre genießen möchte, kann sich das Dinner auf der eigenen Veranda servieren lassen – solche und viele Wünsche mehr werden erfüllt. Auf den sechs Schiffen der SilverSea Cruises (plus ein Expeditionsschiff) erfüllen sich maximal 300 bis 550 Gäste den Traum von der ultimativen Luxuskreuzfahrt. Eine gut bestückte Bibliothek, ein Fitnessstudio oder ein Spa-Bereich mit Whirlpool sind die Alternativen zum süßen Nichtstun.

Silversea Cruises
Zielgebiete: USA, Südamerika, Fernost, Persischer Golf, Mittelmeer, Kanaren
Buchung: Tel. 0 67 33/92 97 98,
www.silversea.com

27 Sechs Sterne und ein Starkoch

Das Beste ist gerade gut genug – mit der Crystal Serenity.

Wolfgang Puck ist Amerikas prominentester Koch. Der gebürtige Österreicher, in dessen Restaurant in Beverly Hills die Hollywood-Stars ihre Oscar-Partys feiern, wurde für seine Spitzenküche auf der Crystal Serenity vom Gault Millau ausgezeichnet. Darüber hinaus wurde das Deluxe-Schiff der Crystal Reederei mit Auszeichnungen wie »Best Large-Ship Cruiseline« dekoriert und von US-Zeitschriften mit der Höchstwertung von sechs Sternen bedacht.

Kein Wunder, denn Kreuzfahrtleitung und Crew gelingt es bewundernswert, den persönlichen Charme einer Luxusyacht mit den Annehmlichkeiten eines großen Oceanliners für 1070 Passagiere im Gleichgewicht zu balancieren. Auch das Informations- und Bildungsangebot ist beispielhaft: In europäischen Häfen kommen einheimische Experten an Bord, die den Passagieren ihr Wissen zu Architektur, Kunst, Politik und Geschichte vermitteln. Exklusiv ist auch das Shopping-Angebot, unter anderem gibt es an Bord eine Dior-Boutique. Publikum und Flair sind sehr

amerikanisch und sprechen jene Kreuzfahrter an, denen es auf deutschen Luxuskreuzern zu »teutonisch« ist. Ein begeisterter Kritiker fasste den Stil der Crystal Serenity so zusammen: »Moderne Klassik, Hollywood-Glamour und Fifth-Avenue-Eleganz«.

Crystal Serenity
Zielgebiet: Osteuropa, Mittelmeer, Karibik
Buchung: Crystal Cruises, www.crystalcruises.com, Aviation & Tourism Int., Tel. 06023/917150, www.atiworld.de und Vista Travel, Tel. 040/30979840, www.vistatravel.de

+ +

28 Königlicher Ritterschlag

Prominentester Fan der Hebridean Princess: die Queen.

Wenn das keine Karriere ist: 25 Jahre lang war die Hebridean Princess unter dem Namen Columba als Autofähre in Schottlands Inselwelt unterwegs, bevor sie im Jahr 1989 zu einen Luxus-Kreuzfahrtschiff für 50 Passagiere umgebaut und auf den Namen Hebridean Princess umgetauft wurde. Die angebotenen Reiserouten führen die schottischen, irischen und englischen Küsten entlang. Dank ihrer geringen Größe gelangt die wendige Hebridean Princess auch in Buchten und Lochs (Seen), die für größere Kreuzfahrtschiffe unerreichbar sind.

Seine Prominenz verdankt das Edelschiff dem Umstand, dass die englische Königin Elizabeth II. das Schiff im Juli 2006 rund um ihren 80. Geburtstag neun Tage lang für einen königlichen Familien-Urlaub gechartert hatte. Vom Aufenthalt auf der Hebridean Princess war die Queen offenbar »very amused«, denn im Juli 2010 kam sie erneut für zwei Wochen auf das Schiff. Die Fans der Princess schätzen die britische Landhaus-Atmosphäre an Bord, knisterndes Kaminfeuer inklusive, und die zurückhaltende Vornehmheit, die durch keine Shows oder Events gestört wird.

Hebridean Princess
Zielgebiete: Schottland, England, Irland
Buchung: Hebridean Island Cruises,
Tel. 00 44/17 56/70 47 00,
www.hebridean.co.uk oder im Reisebüro

29 Segelromantik und Savoir-vivre

Die Ponant ist eine Schönheit, die selbst neben Milliardärs-yachten hervorsticht.

Am späten Nachmittag hisst die Crew die Segel, dann verlässt die schlanke Le Ponant unter den bewundernden Blicken der Hafenbesucher das quirlige Nizza. Der Dreimaster ist eine elegante Schönheit. Maximal 64 Passagiere, die von 32 Crewmitgliedern umsorgt werden, dürfen sich bei der Reise nach Korsika, Elba und an der ligurischen Küste entlang wie auf einer Privatyacht fühlen. Der Küchenchef verwöhnt seine Gäste mit Kreationen aus der französischen Küche. Überhaupt geht es an Bord der Ponant sehr »französisch« zu. Wer eine frankophile Ader hat und Französisch spricht, kann sich ganz dem Savoir-vivre auf diesem Schiff hingeben. In Portofino, dem zu Hollywood-Ehren gekommenen, meistfotografierten Fischerdorf der Welt, ankert das Schiff vor der Hafenbucht. Der Hafen ist mit beeindruckenden Milliardärsyachten »zugeparkt«, die nicht minder auffällig sind. Die sehnsuchtsvollen Blicke jedoch gelten nur der schönen Ponant.

Le Ponant
Zielgebiete: Mittelmeer, Transatlantik, Karibik
Buchung: Ponant Yacht Cruises & Expeditions,
Tel. 040/808 09 31 43, http://de.ponant.com
oder im Reisebüro

30 Stippvisite auf St. Helena

Von Kontinent zu Kontinent auf einem Luxuskreuzer: Kaum eine Insel ist abgelegener als Napoleons letztes Exil.

Mitten in der Einsamkeit des Atlantiks, knapp 2000 Kilometer von Afrika und über 3000 Kilometer von Südamerika entfernt, taucht vor der Seven Seas Mariner plötzlich eine Steilküste auf: St. Helena, ein winziges britisches Übersee-Territorium. Der Inselbesuch ist für die Passagiere des 700-Passagiere-Luxusliners eine ungewöhnliche, aber unaufgeregte Abwechslung auf der Seereise von Kontinent zu Kontinent. Die Zeit in der kleinen Hauptstadt Jamestown scheint stillzustehen. Am spektaku-lärsten ist ein Klettertrip über 699 Stufen auf der »Jacob's Ladder«. Wer's weniger sportlich mag, steht vielleicht lieber nach den seltenen exotischen Briefmarken an.

Doch kaum jemand wird eine Inselrundfahrt versäumen. Die spröden Klippen der Küste weichen rasch den smaragdfarbenen Hügeln und üppig bewachsenen Tälern im Landes-inneren. Auf einem der Hügel liegt »Long-wood House«, das letzte Exil von Napoleon. Im Ankleidezimmer liegen noch immer Hut und Mantel des Korsen. Immer wieder ein freudiges Ereignis ist die Rückkehr auf die edle Seven Seas Mariner – übrigens das erste Schiff, das ausschließlich Suiten mit privater Veranda ins Angebot genommen hat.

Seven Seas Mariner
Zielgebiete: Atlantik, Mittelmeer, Nord-europa, West- und Ostküste USA
Buchung: Regent Seven Seas Cruises,
http://de.rssc.com,
Vista Travel, Tel. 0 40/30 97 98 40
oder im Reisebüro

Glamour zu Wasser

31 | Die schwimmende Lifestyle-Ikone

Picknick im Park, Kunstgenuss vom Feinsten und Küchenzauber auf höchstem Niveau – die Celebrity Silhouette bietet ein ganz neues Kreuzfahrt-Erlebnis für ein anspruchsvolles Publikum. Die Frage »Darf's ein bisschen mehr sein?« ist leicht zu beantworten.

Text: Dagmar Zurek

Die Abendsonne wirft ein warmes Licht auf unser Schiff, als wir den Liegeplatz Port Basilio verlassen. Lärmende Seeschwalben begleiten uns und die beiden Schlepper, die die Celebrity Silhouette hinaus auf den Kanal ziehen. Barkassen und kleine Motorboote kreuzen in flotter Fahrt unseren Kurs. Sie haben Vorfahrt vor dem Meeresgiganten, dessen Passagiere, viele auch aus der Neuen Welt, auf den Decks stehen und noch einmal die Kirchen, Brücken und Piazzi der Alten Welt bewundern. Doch rasch weicht die Ehrerbietung der Vorfreude auf die kommende Reiseroute – von Venedig nach Ravenna, zu Häfen in Slowenien, Kroatien, Malta und Sizilien und schließlich über Neapel nach Civitavecchia bei Rom.

Tango zum Wein

Als wir am Markusplatz vorübergleiten, verabschiedet uns die »Serenissima« mit Glockengeläut. Es ist 18 Uhr. Langsam rührt sich auch der Hunger. Zeit für die japanische Sushi-Theke auf Deck 14 im Ocean View Café. Die Büfetts, die von italienischer Pasta über kräftige Steaks und mexikanische Tapas bis hin zu indischen Currys jeden kulinarischen Wunsch abdecken, sind nun ebenfalls geöffnet. Das Unterhaltungsprogramm verspricht für diesen Abend »Tango for three«. Kein Tanzkurs, sondern ein Kammermusik-Ensemble mit Geige, Cello und Akkordeon spielt auf zur Weinprobe im Restaurant Cellar Masters. Die sehnsuchtsvollen Piazolla-Tangos und Mozart-Serenaden werden die Passagiere auch die nächsten Tage noch begleiten.

Wir sind gespannt auf unseren ersten Hafen: Ravenna. Dort dürfen wir auf Dantes Spuren wandeln und byzantinische Mosaiken, auch

Schöner cruisen: Dank der beachtlichen Größe finden Gäste überall auf dem Schiff Rückzugsmöglichkeiten.

das prächtige, fast 1600 Jahre alte Mausoleum der Kaiserin Galla Placidia, bewundern. »Schade, dass man im Innern nicht mit Blitzlicht fotografieren durfte«, maulen einige Japaner, als unser Premiumliner abends bei strahlendem Sonnenschein die Marina von Ravenna wieder verlässt; die stolzen Segelschiffe dort sehen winzig aus. Ciao, bella Italia! In zwölf Tagen sind wir wieder da.

Regen im slowenischen Koper anderntags. An der Pier stehen Shuttle-Busse bereit und wenig später schlendern wir Passagiere durch die Altstadt des kleinen geschichtsträchtigen Hafenortes. Wir bewundern den Prätorenpalast, den Glockenturm und freuen uns über die kleinen Läden, in denen »30 % popust« gewährt wird. 30 % Rabatt auf alles! Aber es ist ja erst der Anfang der Reise, auf der wir durch die Schnäppchenpreise der Bordshops sicher noch in Kaufrausch verfallen werden. Eine kleine Bimmelbahn bringt uns zurück zum Schiff, das über Nacht bis Split weiterfahren wird.

Lamm mit Minze – very british

In den Gässchen von Kroatiens zweitgrößter Stadt duftet es nach Jasminblüten. Die Innenstadt überragt der mächtige Diokletianspalast. Er wurde 1979 zum Unesco-Weltkulturerbe erklärt. Wir sitzen in den Cafés wie auf Logenplätzen und bewundern von Weitem mit verhohlenem Stolz unser schönes Schiff. Später besingt ein A-cappella-Chor an Bord für uns den »sunny afternoon« und unsere englischen Mit-Passagiere sind hocherfreut darüber, dass sie abends am Büfett Lamm mit Minze vorfinden.

In Kotor gehen wir das nächste Mal vor Anker. Morgennebel schwebt zwischen den Bergen Montenegros. Von unserer Veranda aus sehen die kleinen Häuser des Städtchens mit ihren roten Dächern wie Puppenstuben aus. Wer nicht warten will, bis seine Nummer fürs »Austendern« dran ist – anders ist das von Bord gehen mit Tenderbooten bei 2000 Landgangswilligen gar nicht zu bewältigen –, nutzt die Zeit und geht noch mal ins Spa, tut etwas fürs Gehirn mit »wake up your brain« oder für Bauch, Beine, Po mit »legs, burns, turns«. Einige lassen sich auch Kotors Sehenswürdigkeiten ganz entgehen und widmen sich ausschließlich der Fitness. Abends beim Gala-Dinner darf man sich dank der »burns« dem Schlemmervergnügen ohne schlechtes Gewissen hingeben. Die Menü- und Weinauswahl ist Tag für Tag überwältigend und steht der Qualität von Top-Spezialitätenrestaurants in nichts nach.

Stopp in Ravenna: Wer auf eigene Faust loszieht, kann in Ruhe den Shopping-Verlockungen frönen.

Show-Küche

Wer sagt, dass man zum Essen einen Teller braucht? Passagiere können sich von den Bordköchen zeigen lassen, wie man kleine Leckerbissen so raffiniert zubereitet und anrichtet, dass jedem das Wasser im Mund zusammenläuft. Beliebt ist auch der Kochwettbewerb: Hier treten zwei der Chefköche gegeneinander an, assistiert von zwei Gästen.

Nächster Halt: Bari, die Hauptstadt Apuliens. Morgens um sieben ist die Luft noch erfrischend. Doch bald wird es schwüler. Wir bummeln durch stille Gässchen, Wäsche hängt zwischen den Häusern, vor kleinen Läden wird das Angebot auf Schiefertafeln kundgemacht. In den breiten Straßen reihen sich die Luxusshops. Doch wirklich Lust zum Einkaufen kommt nicht auf. Zurück auf der Celebrity Silhouette gönnen wir uns Abwechslung bei der alltäglichen Drei-Uhr-Demonstration in der Grand Lounge auf Deck 3. Heute zeigt uns der Sushi-Chef seine Künste von nah. »Folie auf die Bambusmatte legen, dann klebt der Reis nicht«, lautet sein heißer Tipp. Abends nach dem Auslaufen aus Bari sind im Silhouette Theatre noch andere Künste zu bewundern: Englischer Geiger mit irischem Namen musiziert auf amerikanischem Schiff in italienischen Gewässern! Gute Nummer.

Vor dem französischen Spezialitätenrestaurant Murano steht Celebrity's singender Steward aus Augsburg. Er begrüßt Damen mit Handkuss und einer Tenor-Arie. Heute ist der Triumphmarsch »Holde Aida« dran. Das entzückt nicht nur Ruth, die Geschäftsfrau aus München. Es ist ihre vierte Reise auf einem

Maltas Inselhauptstadt Valetta hat seit 1980 einen Platz auf der Liste des Unesco-Weltkulturerbes.

Häppchen-weise

Was gibt es Schöneres, als wenn sich der kleine Hunger zwischendurch meldet und sofort ein Steward mit exotischen Köstlichkeiten zur Stelle ist? Auf der Celebrity Silhouette lauern die Verführungen praktisch rund um die Uhr. Oft isst das Auge mit, zum Beispiel beim Sushi-Büfett im Ocean View Cafe auf Deck 14.

Celebrity-Schiff; inzwischen ist sie Mitglied des Captain's-Club, dem Treueprogramm von Celebrity Cruises, und genießt so manche Privilegien, wie beispielsweise den Backstage-Rundgang. Die stets passend gekleidete Ruth schätzt sehr, dass es für alles einen Dresscode gibt. Sport-Outfit ist beim nachmittäglichen »Zumba« auf Deck 14 angesagt, einem Fitnesskurs zu Latino-Hits. Abgeschlossen wird der sportliche Spaß immer von einer zünftigen Sirtaki-Runde. Vielleicht hat das mit der Nationalität des Kapitäns zu tun. Nicholas Pagonis ist wie die gesamte Brücken-Crew griechischer Herkunft. Am einzigen Seetag der Reise hält er einen Vortrag über das »Geheimnis der Navigation«. Der Kapitän beweist

Humor, als er schmunzelnd das »allergrößte« Geheimnis der Navigation gleichsam mit seinen Hosenbeinen lüftet: Um niemals zu vergessen, wo Steuerbord oder Backbord liege, trage er rechts eine grüne, links eine rote Socke. So ist das also!

Kunstgenuss statt Landgang

Noch 200 Seemeilen sind es bis zu unserem nächsten Hafen, Valletta. Luft und Wasser sind 22 °C warm. Viele der Passagiere liegen am Pool, andere trifft man in der sich über drei Stockwerke erstreckenden, Licht durchfluteten Bibliothek beim Schmökern. Mancher nutzt den Tag dieser Kreuzfahrt, um auf eine Kunst-Reise an Bord zu gehen. Die In-

Kunst überall – im Restaurant, Spa und Casino

+++

Liebhaber moderner Malerei werden begeistert sein. Auf der Celebrity Silhouette reisen auch berühmte Werke zeitgenössischer Kunst mit. Damien Hirsts pünktchenübersätes Werk »Secobarbital« ebenso wie die fernöstliche Landschaft des Popkünstlers Roy Lichtenstein im Spa oder die geniale Fotokunst eines David Levinthal – immer wieder überrascht die Kunst den Passagier. Selbst im Casino: Dort steht Anne Brunets Plastik »Jardin d'Eden« – eine Hommage an Aphrodite, die über das Glück der Casinobesucher wachen soll. Ausgerüstet mit einem iPad (kostenlos an der Rezeption) können die Gäste von Kunstwerk zu Kunstwerk pilgern.

stallation von James Aldridge auf Deck 5 ist ein gemaltes Paradies, so realistisch, dass man meint, die Vögel zwitschern zu hören und die gezeichneten Wicken und Winden zu riechen.

Wollen wir lieber zum Excel-Computerkurs oder zum Malta-Vortrag? Oder japanische Kalligraphie erlernen? Beim Malta-Vortrag von Bordlektorin Joanne im Celebrity Central-Raum fragt ein ungeduldiger Gast: »Wollen Sie eigentlich nur übers Einkaufen reden? Mich interessiert doch viel mehr, was uns Malta an Kultur bietet!« Ihn sehen wir anderntags in Valletta in den »Upper Gardens«. Die 100 Stufen dorthin und das Ein- und Aussteigen in den Bus haben ihn nicht abgeschreckt. Zufrieden fotografiert er die Kanonen und das überwältigende Panorama.

Weiter geht's nach Sizilien. Inzwischen haben an dem Pier von Messina noch zwei weitere Giganten der Meere festgemacht. Doch keine Spur von Überfüllung beim Landgang! Anne, eine Lehrerin aus New York, kommt begeistert zurück. Sie hat bei der Hitze den Ätna erklommen und strahlt glücklich. Später beim Käse-Dessert geht die rote Sonne unter – nicht exakt bei Capri im Meer. Das besingt im Café al Bacia nur der Bord-Gitarrist Mickey.

Die Hafenausfahrt ist immer ein besonderes Erlebnis. Wir stehen ganz oben auf Deck 15 im Lawn-Club. Ein Stück Natur auf hoher See, wo ein englischer Rasen zu einer gepflegten Run-

de Krocket oder Boccia einlädt. Ein munteres Publikum trifft sich hier allabendlich, um dem Himmel beim Auslaufen aus dem jeweiligen Hafen ganz nah zu sein, um Grashalme unter bloßen Füßen zu spüren. Da sitzt dann der Holländer neben der Kanadierin, die Brasilianerin neben dem japanischen Hochzeitspärchen vor einem Glas Sauvignon blanc oder einem Planter's Punch.

Heute Abend liegt man auf Decken auf dem Rasen und picknickt Käse zum Wein – ganz wie im Park von Glyndebourne oder im Central Park in New York, hört dazu Live-Jazz. Eine herrliche Atmosphäre, fröhlich und entspannt. Einige haben sich dafür einen Alkoven abseits des Geschehens gemietet, nicht gerade günstig, aber iPad und WLAN sind dann inklusive. Vielleicht möchte ja jemand im Internet surfen, um den einmaligen Ausblick mit den Daheimgebliebenen zu teilen.

Abschiedsschmerz in Rom

Der letzte Abend der Kreuzfahrt gehört dem Konzert der Bordband. »Stand by me«, singt der Cruise-Director. »Würden wir gerne, aber das geht ja nicht«, seufzt eine der Damen, die wie alle Passagiere morgen früh in Civitavecchia unser schwimmendes Zuhause auf Zeit verlassen wird. Wir gehen noch einmal nach oben zum fast leeren Lawn-Club, kuscheln uns in die üppigen Rattancouches und lassen den Blick hinaus aufs Wasser schweifen. Das im Nachtwind verhallende leise Geschrei der Seevögel erinnert uns an den Beginn unserer Reise und daran, dass jedes Ende auch den Aufbruch zu neuen Entdeckungen in sich trägt.

Rasenspiele
auf hoher See

Was macht denn der Rasenmäher auf
Deck 15? Richtig, das, was jeder Rasenmäher
macht. Echten Rasen, auf dem Krocket oder
Boule gespielt werden kann – auch das gibt
es auf der Celebrity Silhouette. Das jüngste
Celebrity-Schiff lädt außerdem zum Barfuß-
laufen auf taufeuchter Wiese, zum Picknick
oder Barbecue mit offenem Feuer. Gäste
genießen die lockere Open-Air-Atmosphäre,
oft auch mit großartigen Jazzinterpreten.

Der Rhythmus stimmt

Ob Salsa, Hip-Hop oder Jive – professionelle Tanzlehrer zeigen, wie's geht. Seit TV-Shows wie »Let's Dance« ist die Nachfrage nach Tanzkursen auch an Bord von Kreuzfahrtschiffen riesig. Gelegenheit zum Feintunen gibt es abends im Nightclub.

Das Schiff für die schönen Dinge des Lebens

Steckbrief
Celebrity Silhouette
Reederei: Celebrity Cruises
Gebaut: 2011
Dimensionen:
122 000 BRZ, Länge: 315 Meter,
Breite: 37 Meter
Passagierdecks: 13
Passagiere: max. 2850 (bei
Doppelbelegung)
Mannschaft: 1230
Einsatzgebiet: Europa, Karibik,
Transatlantik

Kabinen & Suiten
1443, davon 85 % Balkon-Kabinen. 24-Stunden-Roomservice (kostenfrei). In allen Kabinen und Suiten findet man Bademäntel, hochwertige Badpflegeprodukte und eine kostenpflichtige

Minibar. Mit einem Flatscreen TV kann man Landausflüge buchen, Roomservice bestellen und DVDs anschauen. Es gibt einen Arbeitsplatz mit Laptop-Anschluss, Haartrockner und eine Klimaanlage. Die behindertengerechten Kabinen verfügen über ebenerdige Duschen. Auf den Schiffen der Solstice-Klasse gibt es die Aqua Class: Bewohner dieser Balkonkabinen speziell für Wellness-Liebhaber haben freien Zugang zum Restaurant Blu, zum Ruheraum des Aqua Spa sowie zum Persian Garden. Täglich: Hors d'Œuvres sowie Säfte. Spa-Programm und Wellness-Kurse für Aqua-Class-Gäste. Premium-Pflegeprodukte in den Bädern.

Restaurants & Bars
Man findet an Bord 15 Bars, 12 Restaurants und Cafés. Im Hauptrestaurant zwei Essenszeiten mit fester Tischordnung sowie »Select Dining«: freie Zeit- und Tischwahl. Kostenpflichtige Spezialitätenrestaurants. Pro Bestellung zusätzlich z. B. 35 $ p. P. im italienischen Restaurant Tuscan Grill, bzw. 45 $ p. P. im Qsine, kreative Küche. Kaffee, Tee und einige Softgetränke sind frei im Büfettrestaurant Ocean View Café. Verschiedene Getränkepakete sind buchbar.

Sport & Wellness
Das Schiff verfügt neben Jogging-Parcours und Spielfeld für Basketball über einen Rasen für Boccia- und Krocketspiele. 3 Pools; überdachter Solarium-Bereich nur für Erwachsene zugänglich. Ein Besuch des Persian Garden mit Thalasso-Becken ist kostenpflichtig. Im Spa sind hochwertige Elemis-Produkte erhältlich. Angebote mit Akupunktur, freie und kostenpflichtige Fitnesskurse. Zugang zum Fitnesscenter ist kostenlos.

Unterhaltung & Ausflüge
Vorträge über Destinationen, Internet-Kurse, Shows, Bigband- oder Klassikkonzerte. Eine der größten Kunstsammlungen auf einem Schiff, Bordshops, Casino. 6–8 Ausflüge pro Hafen, darunter jeweils eine Exkursion für Rollstuhlfahrer. Preise: ab 35 $.

Bordsprache & Dresscode
Englisch ist Bordsprache, eine Hostess ist für Deutsch sprechende Gäste zuständig. Dresscode-Empfehlungen zum Beispiel bei einer 12-tägigen Reise: 4 Gala-Abende: formal (festlich). Generell: nach 18 Uhr informal (sportlich-elegant). Tagsüber legere Freizeitbekleidung (casual).

Fazit
Wer sich mit schönen Dingen umgeben möchte, ein elegantes Ambiente mag, sich für bildende Kunst interessiert und zusätzliche Ausgaben nicht scheut, wird sich auf diesem Schiff sehr wohlfühlen. Internationale Gäste, hochklassiges Showprogramm.

Info & Buchung
Celebrity Cruises,
Tel. 08 00/72 40 03 46,
www.celebritycruises.de
oder im Reisebüro

Schöne Perspektiven für ruhige Momente: 85 Prozent der Kabinen haben einen Balkon.

32 Das Schiff ist das Ziel

Die Allure of the Seas war bis Mai 2016 das größte Kreuzfahrtschiff der Welt. Herzlich willkommen auf einer schwimmenden Stadt!

Bei der dreistündigen »All Access Tour« hinter die Kulissen der Allure of the Seas, für 150 Dollar zu buchen, will das Staunen kein Ende nehmen. In der Bordküche dürfen sich die Passagiere am Anblick von 5000 Hummern delektieren. Mitarbeiter legen letzte Hand bei der Garnierung an, bevor die edlen Krustentiere in die Kühlung wandern und rechtzeitig vor dem Dinner in die Omnibus-großen Öfen geschoben werden. Bis zu 6300 Passagiere müssen täglich auf höchstem Niveau verpflegt werden, dazu rund 2100 Crewmitglieder.

Nach der Besichtigung der XXL-Wäscherei, der Hightech-Maschinenzentrale und der blitzsauberen Mülltrennungs- und -entsorgungsabteilung geht's hoch ins Allerheiligste, auf die Brücke des Kapitäns. Die Kommando-zentrale der Allure of the Seas macht den Eindruck einer Lifestyle-Lounge. Überall Kunst an den Wänden. Blickfang ist aber ein feuerrotes Motorrad, mit dem der Schiffsführer seiner Landgänge erweitert, wenn er nicht zum Golfspielen geht.

Mit der 360 Meter langen Allure of the Seas, dem fünf Zentimeter kürzeren Schwesterschiff Oasis of the Seas und dem 2016 in Dienst gestellten 362-Meter-Schiff Harmony of the Seas ist die Welt der Kreuzfahrt in eine neue Dimension eingetreten. Das liegt natürlich an den Ausmaßen, aber auch an der Bauweise. Die Kabinen befinden sich in zwei Komplexen an den Längsseiten des Schiffs, was die ungewöhnliche Breite von 65 Metern erklärt, und sind zum Meer hin oder zu einem der beiden nach oben offenen Innenhöfe ausgerichtet.

Im vorderen Teil der Allure of the Seas liegt der Central Park, der sich mit rund 12 000 natürlichen Pflanzen und Bäumen, Restaurants, Straßencafés und Kunstgalerie als wunderschönes Flanierzentrum präsentiert. In einer schwebenden Cocktail-Bar gleiten die Passagiere drei Decks nach unten zur Royal Promenade mit ihren Restaurants und Shops. Der zweite Innenhof, der Boardwalk, gleicht einem Jahrmarkt mit originellen Läden, Food-Ständen, Eisdiele, Straßenkünstlern in Aktion und einem Nostalgie-Karussell. Zum Heck des Schiffs hin schließt sich das Open-Air Aqua-Theater an, das zwei Kletterwände einrahmen. Ausgestattet mit Pool und Sprungtürmen ist es Bühne für Turmsprung- und Trapez-Akrobaten sowie Wassernixen, die mit Licht- und Soundeffekten sowie Fontänen spektakulär in Szene gesetzt werden. Für die Unterhaltung an Bord sind Hollywood, Broadway und Las Vegas gerade gut genug: Im Theater läuft das Broadway-Musical »Mamma Mia«, dazu gibt es fantasievolle Tanz- und Trapez-Musik-Shows, und die Eisshow ist mit Weltklasse-Eiskunstläufern besetzt.

Jeden Sonntag sticht der weiße Riese zur einwöchigen Kreuzfahrt in See, von Fort Lauderdale/Florida abwechselnd in die westliche und die östliche Karibik. Die Royal Caribbean Cruise Reederei hat eigens ein Terminal mit 88 Check-in-Schaltern und Security-Bereich gebaut, sodass beim ersten Bordgang schon alle Formalitäten erledigt sind. Die meisten

Passagiere haben Restaurants, Shows und Landausflüge schon vorab reserviert, sodass es an der Rezeption selten zu Schlangen kommt. 21 Restaurants (und 19 Bars) garantieren eine kaum vorstellbare kulinarische Vielfalt, allerdings sind das Sterne-verdächtige »150 Central Park« oder der Edel-Italiener »Giovanni's« immer schnell ausgebucht. Ein gelungener Gag ist die schwebende Cocktail-Bar, in der die Passagiere zwischen drei Decks spazieren fahren.

Erstklassige internationale Künstler haben ihre Visitenkarten hinterlassen, darunter der brasilianische Szene-Liebling Romero Britto mit eigener Galerie. Die Werke zieren jeden Winkel und jeden Treppenaufgang des Schiffs und bieten Anreiz genug, anstatt einen der 24 Aufzüge sportlich die Stufen zu benutzen. Für Fitness und Bewegungsspaß finden die Passagiere natürlich noch reizvollere Spielwiesen: Das Sport & Pooldeck gehört zu den sieben Lifestyle-Arealen und verdient ein extra Whow! Neben den erwähnten Kletterwänden gibt es zwei Surfsimulatoren, einen 9 Loch Mini-golfplatz, einen Sportplatz für Fußball und Basketball sowie eine 700 Meter lange Joggingbahn. Für Adrenalin-kicks sorgt die 25 Meter lange Zipline. Mit ihr kann man in schwindelnder Höhe über den Boardwalk sausen. Daneben wirken die Pingpong-Tische fast wie ein sportnostalgisches Rühr-stück. Die vier Poolbereiche sind so

geschickt angeordnet, dass man Kleinkind-Geplantsche und lärmenden Wasserspielen gut entkommen kann. Und dann gibt es Erlebnisse, die nicht im action-beladenen Tagesprogramm aufgelistet sind – jene etwa, wenn man spätnachmittags mit einem Cocktail an der Reling steht, die würzige Meerluft inhaliert und auf den flirrenden Feuerball starrt, der

hinterm Horizont abtaucht und dem Himmel seine Orange-Rot-Violett-Show überlässt.

Allure of the Seas
Zielgebiet: westliche und östliche Karibik
Buchung: Royal Caribbean International
Tel. 08 00/724 03 45, www.royalcaribbean.de
oder im Reisebüro

Der Meisterkoch vom Maxischiff

350 Mitarbeiter sind in der Küche der »Allure of the Seas« beschäftigt. Sie alle tanzen nach der Pfeife von Ivo Jahn aus Hessen.

Wie kamen Sie zu diesem Top-Job?
Ivo Jahn: Nach ersten Erfahrungen in der »Traube Tonbach« im Schwarzwald und den Stationen Irland und Neu-seeland war die Sehnsucht nach der großen weiten Welt geweckt. Auf der »Legend of the Seas« wurde ich erstmals Küchenchef. Seither war ich bei allen Neubauten der Reederei von Beginn an dabei, ich trainiere auch die Küchencrews.

Wie fühlt es sich an, Küchenchef des weltgrößten Kreuzfahrtschiffs zu sein?
Ich gebe zu, es fühlt sich großartig an. Und damit ergeht es mir wie wohl allen unseren 2100 Crew-

Mitgliedern, vom Kapitän bis zum Helfer im Maschinenraum. Dieser Superlativ macht uns stolz und spornt uns jeden Tag aufs Neue an.

Was sind die besonderen Herausforderungen?
Es ist die Kunst, ein riesiges Orchester zum Klingen zu bringen, dessen Mitglieder aus 'zig Nationen und Kulturen kommen, verschiedene Sprachen sprechen. Ohne ein paar gute deutsche Tugenden geht gar nichts: Pünktlichkeit, Disziplin, Zuverlässigkeit und Sauberkeit.

Wann wird's richtig stressig?
Zum Beispiel wenn das Schiff in Nassau auf den Bahamas einläuft. Wir sind nur sechs Stunden im Hafen, da wollen alle früh frühstücken und spät zu Mittag essen. Dann müssen mehrere Tausend Essen in kürzester Zeit raus. Da hilft nur: Ruhe bewahren.

Bringt Sie denn gar nichts auf die Palme?
Oh doch! Wenn einer unnötig etwas in den Abfall wirft, nur weil er zu bequem ist, es in den Kühlschrank zurückzutragen.

33 Verliebt in Mary

Wo immer die Queen Mary 2 aufkreuzt, sorgt sie für Ehrfurcht und Euphorie.

Die Hamburger können ein Lied davon singen: Wenn sich der Besuch der Queen Mary 2 ankündigt, setzt ein Besucherstrom ein. Zu Tausenden kommen sie zum Hafen oder ans Elbufer, um der Königin der Meere bei ihrer Ankunft zuzujubeln. Keine Frage, sie ist überall die Schönste und Stolzeste. Ihre erhabene Größe und elegante Silhouette machen den Luxusliner, 2004 von Queen Elizabeth II. getauft, zu einem Ereignis und wecken Sehnsüchte: Eine Transatlantiküberquerung mit der QM2 lässt den Traum vom Luxus-Kreuzfahrterlebnis in traditioneller Art wahr werden. Stil und unaufdringliche Eleganz bestimmen das Bordleben. Zum Dinner tragen die Gäste Smoking und Abendroben, gespeist wird in zwei Sitzungen. Von den Lockerungen auf vielen Schiffen will man hier nichts wissen. Zu den Besonderheiten gehören die größte Bibliothek, der größte Weinkeller, der größte Ballsaal und das größte Planetarium auf See.

Queen Mary 2
Zielgebiete: Transatlantik, weltweit
Buchung: Cunard Line, Tel. 040/
41 53 35 55, www.cunard.de
und im Reisebüro

34 Akrobat schön!

Die Norwegian Epic bittet Artisten aufs Trapez und führt ein glamouröses Musical auf.

Auf der Norwegian Epic können rund 4000 Passagiere auf kulinarische Weltreise gehen. Bei 14 Restaurants lässt man einen Diätplan am besten daheim. Französische, japanische oder lieber italienische Küche? Alles da! An zwei Abenden wird im Spiegelzelt zum Dinner eine Feuerwerksshow mit Weltklasse-Akrobatik und Comedy geboten. Zirkusluft auf hoher See, das ist einmalig. An anderen Abenden darf sich das Publikum über das Musical »Priscilla Queen of the Desert« freuen. Weitere Überraschungen auf dem Ozeanriesen sind Wave-Kabinen mit geschwungenen Wänden und eine auf – 8 °C gekühlte, aus blankem Eis bestehende Bar. Am Eingang wird ein dicker Wintermantel gereicht. Kinder ziehen den Aqua Park mit den 61 Meter langen Röhrenrutschen dem zu Eis gefrorenen Nass eindeutig vor. Was Alleinreisende freut. Für bestimmte Kabinen wird kein Einzelzimmerzuschlag verlangt.

Norwegian Epic
Zielgebiet: Karibik und Mittelmeer
Buchung: Norwegian Cruise Line,
www.ncl.de oder im Reisebüro

35 Gib Gas, ich will Spaß

Mit der Carnival Magic haben Carnival Cruise Lines ihr 100. Kreuzfahrtschiff vom Stapel gelassen. Das Motto damals wie heute: Fun, Fun, Fun.

Mit der »Erfindung« der Fun-Kreuzfahrten ist es der 1972 gegründeten Reederei gelungen, die Kreuzfahrt zu entstauben und zu verjüngen. Auf den hauptsächlich in der Karibik eingesetzten Spaßschiffen gibt's keine Kleidervorschriften, keine festen Essenzeiten, keine Etikette – stattdessen Spiel, Sport, Spaß und Shows. Mittlerweile gehören zehn Reedereien zum riesigen Carnival-Clan, darunter auch Aida Cruises. Die Carnival Magic – das

100. Schiff der Reederei – setzt die Tradition der erfolgreichen Fun-Schiffe konsequent fort. Sie hat Platz für 4600 Passagiere, ist mit großzügigen Pool-Landschaften, Whirlpools mit Meerblick, einem Wasserrutschen-Park und einem Kino an Deck ausgestattet. Markenzeichen der Carnival Cruise Lines Schiffe ist der auffällige Schornstein, der wie die Fluke eines Wals aussieht. Essen gibt es rund um die Uhr – gegen Aufpreis Sushi und Steaks und Stone

Crabs im Supper Club. Eine weitere Besonderheit erwartet die Gäste im Red Frog Pub, wo eigens für die Carnival Magic Kreuzfahrten gebrautes Thirsty Red Frog-Bier gezapft wird.

Carnival Magic
Zielgebiet: Karibik, Florida, Texas
Buchung: Carnival Cruise Lines,
Tel. 089/51 70 31 30, www.carnivalcruise
line.de oder im Reisebüro

36 Das schönste Geschenk

Mit der Royal Clipper segelte die Abiturientin Flora hinein in die Windjammer-Seligkeit.

Die traumhaften Katalogbilder von weißen Segeln, Palmen und goldenen Stränden hatten sich schon lange in ihrem Kopf festgekrallt. Als Floras Mutter anbot, ihr zum Abitur eine Reise nach Wahl zu schenken, musste sie nicht lange überlegen: Eine Karibik-Kreuzfahrt auf der Royal Clipper sollte es sein, dem größten Vollmastsegler der Welt. Es war Liebe auf den ersten Blick, als Flora und ihre Mutter in Barbados an Bord des Traumschiffs gingen. Binnen weniger Tage waren die immerhin rund 200 Passagiere zu einer großen, internationalen Segel-Familie zusammengewachsen. Der persönliche Kontakt zur Crew, zum Kapitän, die Nähe zu Wind und Wellen, dazu der Luxus, das war einzigartig für die junge Frau. Von den Inseln begeisterten sie die Tobago Cays und St. Lucia am meisten. Vielleicht hätte sie nicht jeden Landausflug mitmachen sollen, um mehr vom Schiff zu haben. Vielleicht wäre dann am Ende aber die Sehnsucht nach mehr Royal Clipper noch größer.

Royal Clipper
Zielgebiet: Karibik
Buchung: Star Clippers, Tel. 08 00/78 27 25 47, www.star-clippers.de oder im Reisebüro

37 Der Hightech-Hingucker

Großsegler oder Mega-Yacht? Die Wind Surf ist beides und der Blickfang in jedem Hafen.

Das Verlassen des Tino-Rossi-Hafens von Ajaccio lässt an Theatralik nichts zu wünschen übrig: Die Segel sind gesetzt, aus den Lautsprechern schallt Vangelis' »Conquest of Paradise«. Auch ohne solche Einlagen ist die Wind Surf in jedem Hafen der Hingucker. Ist sie doch – neben der baugleichen Club Med II – der weltgrößte Hightech-Kreuzfahrtsegler. Fünf Masten ragen 68 Meter über dem Wasser. Wenn die Segel gesetzt sind, 2500 Quadratmeter insgesamt, kennt die Begeisterung der Zuschauer keine Grenzen – ebenso wenig wie der Stolz der viel beneideten Passagiere. Die Atmosphäre an Bord ist entspannt und und kosmopolitisch. Es gibt nur Außenkabinen für die rund 300 Passagiere, gespeist wird ohne feste Tischordnung entweder im Hauptrestaurant, in zwei Spezialitäten-Restaurants oder im Freien. Für Badespaß sorgt neben dem Pool eine Wassersport-Plattform.

Wind Surf
Zielgebiet: Mittelmeer, Nordeuropa, Karibik
Buchung: Windstar Cruises, www.windstarcruises.com oder im Reisebüro

38 Romantik-Alarm!

Die Ruby Princess bleibt dem Erbe der »Love Boat«-TV-Serie treu.

Auf der Piazza bringt ein Tenor mit gefühlvollen Serenaden die Zuhörer zum Schmelzen. Paare lassen sich unter freiem Himmel eine Massage verabreichen oder genießen im Open-Air-Kino, bei Bedarf unter eine warme Decke gekuschelt, eine romantische Komödie. Die Liebe lebt weiter auf den Kreuzfahrtschiffen der Princess-Reederei. Sie ist durch die in den 1970er- und 1980er-Jahren produzierte TV-Serie »Love Boat« berühmt geworden, die einen regelrechten Run auf Kreuzfahrten auslöste. Später wurde die Serie von den Machern des »Traumschiffs« für das deutsche Fernsehpublikum erfolgreich adaptiert. Die Ruby Princess hat eine Länge von 289 Metern und kann bis zu 3144 Passagiere aufnehmen. Die amerikanischen Gäste sind deutlich in der Überzahl, das Bordleben ist amerikanisch-leger. Wenn es wegen eines älteren grauhaarigen Herrn mal zu einem Massenauflauf kommen sollte, handelt es sich bei dem Passagier mit höchster Wahrscheinlichkeit um Gavin MacLeod, dem Seriendarsteller von TV-Captain Stubing. Er ist häufig Gast auf den Princess-Schiffen. Zwar ist die Princess Ruby fünfmal so groß wie das einstige »Love Boat« – doch das Flair von einst ist unverkennbar.

Ruby Princess
Zielgebiete: Mittelmeer, Karibik
Buchung: Princess Cruises, Tel. 089/ 51 70 34 50, www.princesscruises.de oder im Reisebüro

39 Im Namen der Göttlichen

Das MSC-Schiff Divina trägt die Handschrift von Italiens Film-Ikone Sophia Loren.

Das nennt man eine glückliche Beziehung: Seit vielen Jahren ist Italiens Film-Ikone Sophia Loren die Stamm-Taufpatin aller neuen Schiffe der MSC Reederei, so auch des zwölften Mitglieds der Flotte, der Divina. Das Schiff trägt nicht nur den »göttlichen« Beinamen des Hollywoodstars, sondern auch dessen persönliche Handschrift: Die Royal Suite ist nach Sophia Lorens Anregungen designt – ausgestattet in kräftigem Rot, mit von ihr ausgesuchten Wildleder-Lampen und rotem Teppich, Bildern der Diva und dem Replikat ihrer Umkleidekabine. Die maximal 4000 Passagiere erleben auf der MSC Divina den Glamour einer klassischen Seereise, kombiniert mit modernem Komfort sowie üppigem Wellness-, Sport- und Entertainment-Angebot. Einmalig ist das »Schiff-im-Schiff«-Konzept. Es bezeichnet den MSC Yacht Club, dessen Suiten abgetrennt vom Rest des Schiffs liegen und der mit Luxus wie Butler-Service, einem Spezialitätenrestaurant sowie einem eigenen Sonnendeck mit Pool und Bar aufwartet. Schöne Details, z. B. die italienische Piazza, das Theater in Broadway-Größe, die Swarovski-Treppe oder der Infinity Pool, wo Meer und Horizont zu verschmelzen scheinen.

MSC Divina
Zielgebiete: Mittelmeer, Nordafrika
Buchung: MSC Kreuzfahrten, Tel. 089/ 203 04 38 01, www.msc-kreuzfahrten.de

Schiffsträume, Traumschiffe

40 Schiff schwimmt, Kamera läuft

Adieu, Kapitän: Im Januar 2016 starb Wolfgang Rademann, ein Urgestein deutscher Fernsehunterhaltung und Erfinder des »Traumschiffs«. Drehbuchautor Thomas Hernadi fuhr einmal mit und hielt seine großen Gefühle in diesem amüsanten Text fest.

Text: Thomas Hernadi

Wolfgang Rademann ist ein Meister der Überredungskunst. Doch bei seinen unermüdlichen Versuchen, mir eine Atlantiküberquerung schmackhaft zu machen, biss er auf Granit. Ging nicht! Zu viel Arbeit und sicher auch unbewusste Widerstände eines Autorenhirns, das darauf trainiert ist, sich alle nur denkbaren Szenarien vorzustellen. Mit sieben Mal »Titanic« im Rücken und tief im Gedächtnis eingestanzten Bildern von Leonardo, der vor seiner geliebten Kate im eisigen Wasser des Atlantiks für immer verschwindet, lockte mich die zweite Alternative: auf meiner Lieblingsinsel Gran Canaria an Bord zu gehen und an der westafrikanischen Nordküste in Richtung Andalusien entlang zu tuckern.

Gänsehaut mit James Last

Dann liegt sie vor mir, majestätisch und in sattem Weiß, die Deutschland, die Quotenqueen mit ihrem unwiderstehlichen Charme. *(Anm. d. Red.: Von 1999 bis 2014 diente sie der Reederei Peter Deilmann als »Traumschiff«, seit 2015 wird die Amadea von Phoenix Reisen für die Fernsehreihe des ZDF eingesetzt.)* Irgendwie wirkt die Deutschland noch imposanter als auf dem TV-Schirm, während die Hafengegend irgendwie ernüchternd ist. Es riecht nach Maschinenöl. Von irgendwoher dröhnt rhythmisches Hämmern. Transportfahrzeuge rattern an mir vorbei. Den Magic Moment lass ich mir aber nicht von rauer Hafenrealität kaputt machen. Headset raus und schnell auf der Playlist meines Smartphones James Lasts Evergreen, die »Traumschiff-Melodie«, suchen. Play! Voll aufdrehen. Gänsehaut stellt sich ein und mit ihr tausend Gedanken, wie Rademanns Team wohl mein Drehbuch umsetzen wird.

»Traumschiff« Macher Wolfgang Rademann findet auch bei den Dreharbeiten immer Zeit für einen Plausch mit den Passagieren.

✦✦✦

»Willkommen an Bord« begrüßt mich eine charmante Lady an der Rezeption – natürlich ist es nicht Chefhostess Beatrice alias Heide Keller. Immerhin erkenne ich die imposante Rezeption unter einer mit bunten Ornamenten gearbeiteten gläsernen Kuppel wieder. Das Holz und die Kupferbeschläge glänzen noch edler als von der Mattscheibe gewohnt. Neben mir steht ein Passagier, der gleich mehrere Wochen auf der Deutschland verbringen wird. Ich kann mein Staunen nicht verbergen, als die Chefhostess das Abreisedatum erwähnt. »Ich bin Allergiker. Auf hoher See erwischt mich kein einziger dieser verdammten Pollen«, erklärt er schmunzelnd. Ah, das leuchtet ein! Eine Langzeit-Kreuzfahrt auf Kassenrezept? Wohl eher nicht. Neben dem Allergiker drängt ein Klon von Queen Elizabeth nach vorne. Sie will wissen, ob das

Schiff schon in Casablanca sei. Ganz liebevoll bringt ihr die Chefstewardess bei, dass sie sich dafür noch einige Hundert Seemeilen gedulden muss. Raum und Zeit scheinen auf diesem Schiff keine Rolle mehr zu spielen.

Mit Rademann auf Schiffstour

»Na Junge, haste nen juten Flug jehabt?«, fragt mich Wolfgang Rademann und klopft mir dabei väterlich auf die Schulter. Die Leute, mit denen er arbeitet, sind seine Familie, sein Leben. Vermutlich hält ihn das so jung und vital. Ein nimmermüder sprudelnder Brunnen purer Lebensfreude strahlt mich aus blauen Augen an. »Jetzt zeig ick dir mal den Kahn.« Im zackigen Rademann-Tempo geht es von Deck zu Deck. Unter den Treppen, die nach oben führen, eine Nische. Hier könnten heimlich Liebende knutschen, oder

Eins werden mit dem Schiff und dem Meer: Nichts geht über einen Seetag, wenn keine Ausflugsbusse warten.

vielleicht in den Rettungsbooten. Überdacht, geschlossen und somit faktisch unsinkbar. Ein beruhigender Gedanke. Hier noch eine Luke, eine Tür, da die Rettungswesten. Ah, da geht's zum Fitnessraum. Eine Sauna gibt's auch? Ein Kino? Mir dämmert, dass ich meine bisher im Drehbuch verwendeten Schauplätze – Kabine, Gang, Reling, Restaurant, Kapitänsdeck, Bar – durchaus hätte erweitern können.

Bei der Schiffsführung wird mir endlich klar, wie man die Figuren im Drehbuch logisch stimmig von A nach B bekommt, ohne sie dorthin zu beamen. Eine Kinderbetreuung

Disco-Dampfer

Große Bühnen sind ihr Ding: Während der Olympischen Sommerspiele 2012 in London diente das Schiff als schwimmendes deutsches Haus. Nach der Abschlussfeier brachte die Deutschland die deutschen Sportler und ihre Freunde zurück nach Hamburg. Die rauschende Party-Nacht hat für Schlagzeilen gesorgt.

gibt's auch, und schon keimt in mir die Idee zur Figur eines Kinderhassers, der sich auf einem Landgang mitten in einem Naturpark das Bein verstaucht und sich von einem der kleinen »lauten Störenfriede« das Leben retten lassen muss, was ihn natürlich läutert. Die Gedanken um neue Geschichten werden immer schneller, die Schritte dafür aber immer langsamer. Wolfgang muss sich fühlen wie jemand, der ein verträumtes Kleinkind in der Süßwarenabteilung des KDW hinter sich her zieht. Jetzt verstehe ich, weshalb ihm so sehr daran gelegen war, dass ich mit an Bord zu den Dreharbeiten komme: um das Leben an Bord authentisch mitzuerleben. Er will mir sicher auch das Gefühl geben, ein wichtiger Teil der Traumschiff-Familie zu sein.

Die Luke als Story-Idee?

Das Achterdeck ist erreicht und somit der höchste für Passagiere zugängliche Punkt, Deck 10, wie mir Wolfgang erklärt. Vor uns liegt der Hafen und die Silhouette von Las Palmas. Ein Kleinbus spuckt neue Passagiere aus. Aus einem Lieferwagen trägt weiß uniformiertes Küchenpersonal Stiegen mit allerlei Lebensmitteln durch eine zweite Luke. Interessant! Für einen Moment ist dieser Zugang unbeobachtet. Was wäre, wenn sich da jemand auch ohne Bordausweis Zugang verschaffen würde? Warum würde da jemand reingehen? Ein blinder Passagier? Zu banal, der würde früher oder später auffallen. Wolfgang erklärt mir unterdessen

den Dresscode in den Restaurants, aber in Gedanken bin ich immer noch bei der Luke. »Haste 'nen Anzug dabei? Ohne den kommste ins ›Vier Jahreszeiten‹ nicht rein.« Ich nicke nur ab. Wie könnte ich die »Luke« für eine neue Story verbraten? Wir erreichen den mittschiffs gelegenen »Lilly Marleen Salon«. »Hier gibt's den besten Wodka Lemon. Den nimmste, wenn dir schlecht wird. Geheimrezept des Kapitäns. Aber meinen Autoren wird nicht schlecht.« War das eine Drohung, die Wolfgang mit fiesem Grinsen untermauerte? Hatte ihm meine Redakteurin am Ende gesteckt, dass ich nicht so ganz seefest bin? Egal! Meine Geanken kreisen um »die Luke«. Die Schlagzeile einer aufgeblätterten Tageszeitung, die wohl ein Passagier auf einem der Tische hat

liegen lassen, bringt mir die erlösende Idee. »Lebensversicherungen lohnen sich nicht«. Ich glaube, jetzt hab ich'n Ein junges Paar, das ein Vermögen an der Börse verloren hat, möchte die Lebensversicherung abzocken. Sie geht offiziell an Bord, schleicht sich über die Versorgungsluke vorbei an den Kontrollen nach draußen und checkt mit blonder Perücke und gefälschtem Ausweis ein zweites Mal ein. Dann macht die Ehefrau für jeden an Bord sichtbar einen auf depressiv. Das Paar inszeniert einen Selbstmord auf hoher See. Sofort verliebe ich mich in diesen Plot, den ein aufmerksamer Krimi-Leser, ein weiterer Passagier in meiner Geschichte, natürlich durchkreuzen wird. »Sag mal, Wolfgang, kann ein Kapitän jemanden für tot erklären, wenn

er über Bord geht?« Wolfgang sieht mich nun sehr besorgt an. »Ich glaube, du brauchst jetzt gleich mal einen Wodka, Junge!«

Liebesszene ein Deck tiefer

Was für ein tolles Gefühl, auf hoher See zu sein. Allein schon an der Reling zu stehen und am Horizont zu sehen, wie das Land, sprich die Kanaren, immer kleiner wird, ist unbeschreiblich. Es hat etwas Befreiendes. Würzige Luft, der schneidende Wind. Eine ganz andere Welt eben. Ein Deck unter mir wird just in jenem Paralleluniversum gedreht. Immer wieder sehe ich die großartige Marion Kracht an die Reling huschen. Francis Fulton Smith hinterher. Eine Liebesszene. Komisch, ich kann mich gar nicht erinnern, diese Szene geschrie-

ben zu haben. Die Maskenbildnerin klärt mich ein wenig später auf: Meine Folge steht erst in zwei Wochen auf dem Programm. Zunächst werden die Drehbuchteile aller Folgen, die an Bord spielen, hintereinander verfilmt. Zu den Landausflügen ginge es dann separat. Einleuchtend. Anders auch gar nicht zu realisieren, weil die Deutschland in der Regel nur für einen Tag an einem Ort bleibt und die Zeit niemals reichen würde, um alles zu drehen, was auf einem Landausflug passiert. Marion Kracht hüllt sich nach der Probe sofort in eine warme Decke, die ihr die Maskenbildnerin reicht. Sie schnattert am ganzen Leib. Ist es nicht heldenhaft, bei gefühlten 15 Grad und steifer Brise eine Szene in den Tropen spielen? »Wir können«, tönt es aus Richtung

des Kamerateams. Noch ein Schluck heißer Tee und Marion Kracht geht wieder zu ihrer Ausgangsposition. Wie Kate Winslet steht sie nun an der Reling. »Ruhe bitte!« Die wachsamen Augen des Regieassistenten scannen das Terrain. Bis auf das Peitschen der Wellen am Rumpf des Schiffes ist nichts mehr zu hören. »Und bitte«, meldet sich nun der Regisseur zu Wort. Nun kann Francis Fullton Smith seiner Angebeteten hinterher eilen und sie für die Kamera oscarreif anschmachten.

Es ist tatsächlich eine Familie und ich fühle mich wie ein Teil von ihr, seitdem ich an Bord bin. Beim gemeinsamen Gala-Dinner im »Vier Jahreszeiten« wird mir klar, dass jene »Traumschiff-Magie« jeden packt, der

1 Für Traumschiff-Fans sind sie gute alte Bekannte: Nick Wilder spielt den Schiffsarzt, Heide Keller die Chefstewardess, Siegfried Rauch (re.) gab bis 2013 den Kapitän.

2 Skulpturen, Gemälde und Kunstwerke finden sich in allen Bereichen des Schiffs, u. a. die Bronzeskulptur »Die vier Winde« des französischen Bildhauers Serge D. Mangin.

3 Eleganz und Glamour: Der Kaisersaal ist der perfekte Rahmen für die hochklassigen Bühnenshows und Musikveranstaltungen, für die das »Traumschiff« bekannt ist.

»Love Boat« – Mutter aller Traumschiffe

Das »Traumschiff« ist die Adaption der amerikanischen TV-Serie »Love Boat«, die zwischen 1977 bis 1986 produziert wurde. Hier steuern Kapitän Stubing und seine Crew das Kreuzfahrtschiff Pacific Princess durch die Weltmeere und legen in den Häfen der schönsten Traumziele an. Auf der Reise tragen sich spannende, romantische und heitere Geschichten zu, die in einem versöhnlichen Happy End münden. Wie auf dem »Traumschiff« war auch das »Love Boat« Tummelplatz zahlreicher Gaststars – ob Tom Hanks oder Telly Savalas, Andy Warhol oder Joan Collins, David Hasselhoff oder Janet Jackson. Das reale Ende des »Love Boat« war indes weniger romantisch: Die Pacific Princess wurde 2012 von einem türkischen Verwerter für 2,5 Millionen Euro gekauft – und verschrottet.

mit Wolfgang unterwegs ist. Gute Laune, tiefgründige Gespräche, aber auch Witze werden gerissen. Jeder hat viel aus seinem Leben zu erzählen. Schauspieler geben ihre Anekdoten preis. Welch Quell der Inspiration für jemanden wie mich, der sich oft wochenlang in sozialer Isolation an seinen »Mac« kettet. Siegfried Rauch, der »Traumschiff-Kapitän«, erzählt mir aus seinem Leben. Vor dem »Alten Fritz«, Bar und Anlaufstelle für die leckersten Wiener Würstchen, die ich jemals zu mir genommen habe, sitzt »Sigi« später mit seiner Klampfe und spielt für uns »Ramona«. Alle singen begeistert mit und frönen einem Schlager nach dem anderen. Komplette Verblendung eines Filmteams in Urlaubsstimmung? Weit gefehlt! Auch die Passagiere scheinen von diesem Virus angesteckt zu sein.

Auf meinem nächtlichen Verdauungsspaziergang an Deck erlebe ich Klischee pur, eine Szene, wie sie mir meine Redakteurin, hätte ich sie denn jemals geschrieben, um die Ohren gehauen hätte. Eine Frau Mitte Fünfzig steht an der Reling und blickt aufs Meer, das im Schein des Mondes bis zum Horizont versilbert schimmert. Wie oft haben wir das schon im »Traumschiff« gesehen? Ihr Mann schmiegt sich an sie, nimmt sie in den Arm und sagt: »Ach Schatz, ich bin so glücklich, diesen Moment mit dir erleben zu dürfen.« Das ist nicht real! Habe ich das eben geträumt? Zu viel Wein? Mitnichten! Ich geselle mich zu ihnen und erfahre, dass sie rein »zufällig«

dem sicheren Tod entronnen sind. Beide hatten ursprünglich ein Ticket für den Unglücksflug der Concorde am 25. Juli 2000 gebucht. Seine Frau musste die Reise aus wichtigen familiären Gründen um eine Woche verschieben. Kein Klischee also, sondern nackte Realität. So etwas prägt und baut Hemmschwellen beim Schreiben von Klischees ab. Die Liebe ist kein Klischee. Sie ist die stärkste Kraft dieses Universums, mache ich mir in diesem Moment ohne Scheu vor Pathos klar. Spätestens jetzt weiß ich, warum ich meine Arbeit liebe.

Bammel vor den Monsterwellen

Zurück im Kabinentrakt entdecke ich das Bordmagazin – eine »Spezialausgabe«. Angeblich sei die Bremen, das ehemalige »Traumschiff«, im Pazifik von drei »Schwesternwellen« erfasst worden und hätte nur durch ein Wunder nicht das gleiche Schicksal wie die Poseidon erlitten – kopfüber im Meer. Für morgen ist hoher Wellengang angesagt. Ängste werden wach und dementsprechend unruhig ist die Nacht.

Am nächsten Morgen Drehroutine am Set – mit Augenringen, die gefühlt bis zum Knie reichen. Die Schauspieler schwitzen in der Enge der Kabine. Die Klimaanlage muss ausgeschaltet bleiben, weil sonst der Tonmann nichts aufnehmen kann. Die Szene wird zu lang. Ich muss sie umschreiben. Kein »Big Deal«. Dafür habe ich mein Notebook dabei. Kaum klappe ich es im Produktionsbüro unter Deck auf, wird mir schlagartig schlecht. Wellengang wie prognostiziert, wehleidige Blicke und stichelnde Bemerkungen für die emp-

»Mir geht die Welt aus«

Der 2016 verstorbene TV-Produzent Wolfgang Rademann war der Vater der erfolgreichen »Traumschiff«-Serie und Auslöser eines Kreuzfahrt-Booms in Deutschland – auch wenn er sich das nicht ans Revers heftete.

Wie kamen Sie auf die Idee zu der Serie, obwohl sich die Deutschen Anfang der 80er-Jahre kaum für Kreuzfahrten interessierten?

Wolfgang Rademann: Ich kannte die erfolgreiche US-Serie »Love Boat« und die »Auf See« aus dem DDR-Fernsehen. Als ich dann im Rahmen einer TV-Produktion auf Jamaika erstmals selbst auf ein Kreuzfahrtschiff kam, war ich sofort angestochen. Aus all diesen Zutaten mixte ich meinen »Traumschiff«-Cocktail …

… der dem deutschen Fernsehpublikum 1981 erstmals serviert wurde und ihm ausgezeichnet schmeckte. Dem ZDF bescherte die Serie traumhafte Einschaltquoten. Wie erklären Sie sich den Erfolg?

Wir haben schnell erkannt, dass die Zuschauer vor allem an den Ländern interessiert waren, die das »Traum-

schiff« anlief. Allesamt Sehnsuchtsziele, die das Fernweh schürten oder stillten. Die Deutschland ist das vierte »Traumschiff« mit dem dritten Kapitän. Diese Wechsel haben die Zuschauer jedoch nicht gestört.

Sie steuern auf die 70. Episode zu. Sind Sie bei jedem Dreh dabei?

Ja, dabei habe ich so ziemlich die ganze Welt kennengelernt. Es gibt noch ein paar spannende Ziele, wo ich noch nicht war, etwa Taiwan, Korea oder Alaska. Nun haben wir das Problem, dass uns die Welt ausgeht. Oder wir fangen wieder von vorne an.

Wohin und auf welchem Schiff würde Ihre ganz private Kreuzfahrt führen?

In die Südsee, nach Polynesien, auf einem Kreuzfahrtschiff, das keinesfalls größer als die Deutschland sein dürfte. Diese Ozeanriesen mit 4000 und mehr Passagieren finde ich zu unpersönlich.

Alle an Bord!

Sicherheit hat auf Kreuzfahrtschiffen heutzutage höchste Priorität. Daher müssen auch die Deutschland-Passagiere beim Betreten des Schiffs einen gründlichen Security-Check über sich ergehen lassen, ähnlich wie man das von Flughäfen kennt. Kleinere Wartezeiten sind unumgänglich. An Bord dagegen verteilen sich die Passagiere, Schlangestehen ist ein Fremdwort.

findliche Landratte tun ihr Übriges. Totalausfall! Ich umarme die Kloschüssel meiner Kabine nicht nur einmal. Dann erfahre ich, dass meine Redakteurin ebenfalls darnieder liegt. Die seitlichen Stabilisatoren sind ausgefallen. Es geht auf und ab, nach links und rechts. Auf jeden Fall zu viel für den Gleichgewichtssinn. Über die Bordkamera ist zu sehen, dass die Wellen bereits die oberen Decks erreichen. Ich bin mir nun sicher, Leonardos Schicksal teilen zu müssen. Regungslos im Bett meiner Kabine dazuliegen erleichtert immerhin meine Bauchkrämpfe. Die Rettungsweste liegt daneben. Auf dem Bordkanal im TV läuft »Ein Käfig voller Narren«. Ich ziehe mir den Film gleich dreimal hintereinander rein, um mich abzulenken. Traumatisch! Warum habe ich auch nur Obst gegessen anstatt bei der verlockenden Ente mit Rosinen kräftig zuzuschlagen, wie mir der Regisseur empfohlen hatte? Warum nur habe ich keinen Wodka Lemon getrunken?

Reges Treiben am Set

Am nächsten Morgen entpuppt sich das Bordmagazin als »Fake«. Das ist wieder einmal typisch Wolfgang. Er hat sich bestimmt totgelacht und mit ihm alle anderen, die um meine Ängste auf hoher See wussten. Der Seegang beruhigt sich. Die Stabilisatoren arbeiten wieder. Ich schreibe nach dem Frühstück die neue Szene. Routine stellt sich ein. Tagein tagaus beobachte ich das rege Treiben am Set, genieße es, ein Teil des »Ganzen« zu sein, und erlebe glückliche Tage, ob an Bord oder während der Landgänge nach Casablanca, Cadiz oder Malaga. Der »Virus« fordert am letzten Tag seinen Tribut. Gemeinsam mit meiner Redakteurin singe ich Cindy & Berts »Wenn die Rosen erblühen in Malaga« beim Einlaufen in den andalusischen Hafen. Sind wir reif für die Klappe? Oder sind wir beide einfach nur happy, dass Geschaukel und Übelkeit hinter uns liegen? Wolfgang Rademann hat uns einen Traum beschert, der verdammt real war – für einen Drehbuchschreiber, der fiktive Welten schafft, besonders kostbar. Zum Abschied läuft über die Lautsprecher das »Traumschiff-Thema«. Wir umarmen uns, schämen uns nicht feucht gewordener Augen. Tage wie diese vereinen, schmieden Verbundenheit. Das Einzige, was einen in diesem Moment beschäftigt, ist die Sorge, ja nichts von dem, was man erlebt hat, zu vergessen.

Das neueste Fernseh-»Traumschiff«

Steckbrief Amadea
Reederei: Phoenix Reisen
Baujahr: 1991
Dimensionen: 29 008 BRZ,
Länge: 193 Meter, Breite:
25 Meter
Passagierdecks: 8
Passagiere: max. 604
Mannschaft: 300
Einsatzgebiet: Europa, Arktis,
Amerika, Indischer Ozean

Kabinen & Suiten
317 Außenkabinen, davon 122
mit Balkon. Größe zwischen
15 und 71 qm. Zur Ausstattung
gehören SAT-TV, individuell regulierbare Klimaanlage, Telefon,
Minibar, Safe und Fön, WLAN.
Alle Bäder haben Badewanne/
WC oder Dusche/WC.

Restaurants & Bars
Zwei gleichwertige Restaurants
mit insgesamt 630 Plätzen und
freier Platzwahl. Alle Gäste
speisen in einer Tischzeit. Im
Lido Café kann man bei guter
Witterung auch draußen frühstücken oder sein Mittagessen
einnehmen. Dazu gesellen sich
sieben verschiedene Bars.

Sport & Wellness
Es gibt ein elegantes Spa mit
großem Wellnessbereich und
Panoramafenstern: Beauty-
Salon, Fitnesscenter, Massage,
Sauna, Dampfbad und Ruhe-
zonen. Die Außendecks bieten
eine Rundum-Promenade mit
Joggingpfad. Ein Höhepunkt ist
der Mini-Golfgarten auf dem
Sonnendeck sowie das neu ge-
staltete Lido-Deck achtern mit
kleinem Außenpool.

Unterhaltung & Ausflüge
Es gibt Vorträge zur jeweiligen
Destination, Computer- und
Sprachkurse, Shuffleboard, Basteln oder Malen im Hobbyraum,
im Spielezimmer trifft man sich
auf eine Runde Skat. Abends
werden in der Vista-Lounge
klassische Konzerte gegeben, in
Harry's Bar spielt Livemusik, in
der Atlantik Lounge ist Show-
time angesagt, und in der der
Kopernikus Bar lockt die Disco.
Landausflüge können spätestens
zwei Monate vor Reisebeginnim
online gebucht werden.

Bordsprache & Dresscode
Die Bordsprache der MS Amadea ist Deutsch. Zum Kapitäns-
empfang bzw. -dinner wird eine
elegante, festliche Abendgarderobe empfohlen. Sonst ist eher
legere Kleidung üblich.

Fazit
Luxuriös, großzügig, elegant und
geräumig – die MS Amadea, das
neue ZDF-»Traumschiff«, ist eine
echte »First Lady« unter den
Kreuzfahrtschiffen, wobei es mit
nur 600 Passagieren an Bord immer noch recht persönlich zugeht.

Info & Buchung
Phoenix Reisen,
Tel. 02 28 / 92 60-0,
www.phoenixreisen.com

Hoch die Gläser, und das nicht
nur vor laufender Kamera: Auf
dem Traumschiff gibt's immer
was zu feiern.

41 Frische Brisen, stramme Waden

Das Insellabyrinth der Kvarner Bucht ist Ziel einer Mountainbike-Kreuzfahrt.

Cres, Losinj, Molat, Dugi Otok, Pag, Rab, Krk … hinter diesen zungenbrecherischen Lauten verbirgt sich der landschaftlich wohl spektakulärste Teil Kroatiens, die Kvarner Bucht. Die kleine hölzerne Yacht Linda ist das geeignete Fortbewegungsmittel, um das schöne Gewirr aus Inseln und Inselchen zu erleben, und das Mountainbike der Schlüssel zum intensiven Inselerlebnis. »Gut, dass ich zuvor trainiert habe«, freut sich Traudl aus München. Denn die hügelig bis bergigen Inseln mit den teils respektablen Anstiegen sind alles andere als Spazierfahrten. Beim einwöchigen Inselhüpfen durch die Kvarner Bucht werden rund 300 Kilometer und 4600 Höhenmeter bewältigt, das erfordert Kondition. Die Reiseleiter kennen die schönsten Trails auf den Inseln, die immer wieder zu spektakulären Aussichtspunkten führen und charmante Hafenorte streifen. Maximal 30 Mountainbiker haben auf dem Schiff Platz – der geeignete Rahmen für ein fast schon familiäres Miteinander. Der Schiffskoch weiß die emsigen Radler mit herzhaften Mahlzeiten zu verwöhnen. Weitere beliebte Rad-Zielgebiete sind Dalmatien, Griechenland und die Türkei.

Linda
Zielgebiete: Kroatien, Dalmatien
Buchung: Radurlaub ZeitReisen,
Tel. 07531/361860, www.inselhuepfen.de

42 Es grünt so grün

An Bord der MS Europa können sich Golfer von Platz zu Platz hangeln.

Kreuzfahrt und Golf wird meist mit Kunstrasenflecken auf dem Lidodeck assoziiert, von dem aus Passagiere Ball um Ball in ein Netz dreschen. Die Golf & Cruise-Reisen mit der MS Europa werden auch den Wünschen der anspruchsvollsten Golfer gerecht. Dafür sorgen die mitreisenden PGA-Pros – also die Crème de la Crème der Golflehrer, die Freizeitgolfern sonst nicht einmal für viel Geld zur Verfügung stehen. Coaching vom Feinsten auf Traumplätzen entlang der Route ist also garantiert. Am Golfsimulator an Bord werden erst bei jedem die Besonderheiten analysiert. Schlägergriff, Aufschwung, Durchschwung … Frühmorgens geht es dann vom jeweiligen Hafen zu den Top-Golfplätzen im Umland. Die Startzeiten wurden von der Reederei reserviert, was bei sehr gefragten Plätzen, z. B. in Andalusien oder Portugal, nötig ist. An den Seetagen bleibt ausreichend Gelegenheit, das Bordleben und die Wohltaten im Ocean Spa zu genießen, sich unter die anderen, überwiegend deutschsprachigen Passagiere zu mischen – und daran erinnert zu werden, dass es neben Golf noch andere Dinge im Leben gibt.

MS Europa
Zielgebiete: weltweit
Buchung: Hapag-Lloyd Kreuzfahrten,
Tel. 040/30014600, www.hl-cruises.de

43 Schwimmende Konzertbühnen

Rock, Schlager oder Heavy Metal: Bei Mein Schiff 1 liegt Musik in der Luft.

Lange ist es her, dass die musikalische Unterhaltung an Bord aus dem Mann an der Heimorgel und/oder einem Streichquintett bestand. Bei TUI Mein Schiff spielt Musik die erste Geige. Musikalische Themenreisen verschiedenster Geschmacksrichtungen verwandeln das Schiff mal in eine schwimmende Rockbühne, mal in einen Konzertsaal. Das Plus für die Fans: Sie kommen ihren Idolen auf dem Schiff ganz nah, genießen Backstage-Feeling – zusätzlich zu den Annehmlichkeiten einer klassischen Kreuzfahrt. Andrea Doria? Sonderzug nach Pankow? Das war gestern. Udo Lindenberg steht jetzt auf TUI Mein Schiff, das er zum wiederholten Mal zu einem Rock-Liner verwandelt hat. Unvergesslich der furiose Auftritt zum Hamburger Hafengeburtstag, als Udo mit seinem Panikorchester und 100 Passagieren mit E-Gitarren an der Reling das Schiff rockten. Dabei geht's noch wilder: Die Full Metal Cruise ist die größte Heavy-Metal-Kreuzfahrt Europas. Hier erleben die Fans ein echtes Metal-Festival auf hoher See. Auf drei Bühnen an Bord spielen über 20 hochkarätige Bands aus Metal und Rock, darüber hinaus finden an Land in den angesteuerten Häfen weitere Konzerte statt. Auf dem Schiff wird daneben ein umfangreiches Rahmenprogramm geboten, mit Metal Karaoke, Meet & Greets, Autogrammstunden, Comedy, Lesungen und Musiker-Workshop – eben all das, was neben der Musik zu einem Open Air gehört. Auch die Schunkler und Mitklatscher kommen auf ihre Kosten: Mit Helene Fischer ging eine Schlager-Ikone mit ihren Fans auf eine Kurzreise von Hamburg über Oslo und Kopenhagen nach Kiel. Beim zweiten Mal wurde sie von der Schweizerin Beatrice Egli begleitet. Außerdem konnten sich die TUI-Gäste auf Michael Holm und Ireen Sheer freuen.

Klassikfans erwartete ebenfalls ein Highlight, als sie mit den Wiener Philharmonikern auf Mittelmeerkreuzfahrt gingen. Namhafte Dirigenten und Solokünstler, Galakonzerte an Land und Kammerkonzerte an Bord sowie öffentliche Proben machten Liebhaber klassischer Musik glücklich.

Mein Schiff 1
Zielgebiete: Nordeuropa, Mittelmeer, Vorderer Orient, Karibik
Buchung: TUI Cruises, Tel. 040/6000 151 11, www.tui-cruises.de

44 Auf nach Kuba

MSC Kreuzfahrten hatte als erste Gesellschaft die karibische Trauminsel im Programm.

In Kuba ist derzeit vieles im Umbruch, die diplomatischen Beziehungen zur USA wurden wieder aufgenommen, und in der Kreuzfahrtbranche scheint eine regelrechte Goldgräberstimmung ausgebrochen zu sein. Da MSC nicht US-Recht unterliegt, erwiesen sich die Verhandlungen mit dem Inselstaat offenbar als so konstruktiv, dass Havanna bereits in der Wintersaison 2015/2016 zum neuen Heimathafen der MSC Opera wurde. Das Schiff mit Platz für 2120 Gäste startete von Kuba bzw. von Montego Bay auf Jamaika aus zu 16 einzigartigen Karibikkreuzfahrten.

MSC Opera
Zielgebiete: Europa, Karibik
Buchung: MSC Kreuzfahrten, Tel. 089/203 04 38 01, www.msc-kreuzfahrten.de

45 Spas(s)
auf dem Wasser

Wellness kommt von Welle, kein Zweifel. Wer sich
auf der AIDAsol den Wonnen einer Thalasso-Therapie
hingibt, lässt auch gerne mal den Landgang sausen.

Text: Astrid Jürgens

A ugen zu! Es kribbelt und sprudelt. Tausende Wasserbläschen massieren meinen Körper, von den Zehen und über den Rücken bis hoch zum Nacken. Der Duft von Salz und Seetang mischt sich dazu. Ich bin an einem weiten Meeresstrand und tauche ein in erfrischende Fluten – zumindest in meinen Gedanken. In Wirklichkeit liege ich in einer Thalasso-Wanne im Spa der AIDAsol. 220 Massagedüsen, echtes Meerwasser und eine raffinierte Mischung aus verschiedenen Algenextrakten tragen mich in diesen blubbernden Traum.

Weißes Gold, weiche Haut

Babett heißt die »Herrin« dieses Vergnügens. Die Beauty-Fachfrau hat ein kleines Thalasso-Schnupper-Programm für mich zusammengestellt und macht mich gleich mit dem nächsten Wohlfühlerlebnis bekannt, das den schonen Namen »Aquatique Peeling« trägt. Dafür verwendet sie ein besonderes Meersalz aus der Bretagne – auch das »weiße Gold« genannt. Zusammen mit lauwarmem Süßmandel- und Aprikosenkern-Öl wird es auf die Haut geträufelt. Mit zarten Händen massiert Babett die breiige Masse kreisend ein. Beine, Arme, Rücken, Bauch – nichts wird ausgespart, schließlich sollen alle alten Hautschüppchen entfernt werden. Ich versinke in der Langsamkeit der Streichbewegungen, vergesse die Zeit. Spätestens bei der anschließenden Algen-Körperpackung bin ich eingenickt. Zwei Stunde später ist meine Haut streichelzart und duftet – und ich bin unglaublich entspannt. Kein schlechter Start für das erstes Thalasso Erlebnis mitten auf dem Meer.

Ein Wellness-Urlaub an Bord eines Schiffes und dabei die Küstenmetropolen der Ost-

Der signalrote Kussmund macht die AIDAsol in jedem Hafen zum sympathischen Blickfang.

see kennenlernen – das ist der Plan für die nächsten zehn Tage. Ob die erhoffte Entschleunigung auf einem Schiff mit rund 2000 Passagieren funktionieren kann? Anfängliche Bedenken zerstreuen sich schnell. Im »Body & Soul Spa« auf Deck 12 versprechen 2600 Quadratmeter weitläufige Entspannung. Dieses Spa zählt zu den größten auf einem Kreuzfahrtschiff. Bodentiefe Fenster ermöglichen rundum einen Panoramablick, die Räume sind in strahlendem Weiß und zartem Blau gehalten und Kabinen-Namen wie »Kreta« oder »Mykonos« lassen ahnen, dass der Gast in die griechische Welt entführt werden soll. Wandmalereien, Skulpturen, Fliesenmosaiken, Amphoren und kunstvoll drapierte Tücher lassen Hellas-Feeling aufkommen.

Relaxen unterm Olivenbaum

Auch in der Sauna-Landschaft kann man schwitzen mit Meerblick. Allein die finnische Abteilung misst 90 Quadratmeter. Mäßiger temperiert sind das Kräuter-Dampfbad, die Bio-Sauna und das Rasul-Schlammbad. Der perfekte Platz, um den Tag ausklingen zu lassen, während der schneeweiße Ozeanliner mit dem aufgemalten Kussmund am Bug den Hafen von Warnemünde verlässt und langsam aufs Meer hinausdreht. Praktischerweise befindet sich meine Kabine auf dem gleichen Deck wie der Spa-Bereich. So sind es nur ein paar Schritte, um in den Wohlfühl-Kokon einzutauchen. Gleich daneben

liegt die Wellness Oase – eine Art Ruheraum mit Liegen. Ein sechs Meter hoher Olivenbaum sorgt für mediterranes Flair. Gäste, die eine der 34 Spa-Kabinen gebucht haben, haben natürlich freien Zugang. Andere müssen dafür extra bezahlen. Dafür genießt man aber auch besondere Ruhe – dies ist eine kinderfreie Zone – und bei schönem Wetter wird das Dach des gläsernen Patio, das die Oase überspannt, geöffnet.

An der Spa-Rezeption treffe ich den Spa-Butler. Das ist ein Service, den man vorab gleich

mitbuchen kann. Der Fachmann hilft bei der Auswahl der vielen Treatments, die die Therapeuten für den puren körperlichen Genuss ausgetüftelt haben. Mein Butler ist weiblich, heißt Daniela und hat einen netten schwäbischen Akzent. Seit drei Monaten fährt die Physiotherapeutin schon auf dem Schiff mit. Sie wird – wie fast alle Angestellten – sechs Monate bleiben und dann nach einem langen Urlaub wieder zurück an Bord gehen. Die Seefahrt hat es ihr angetan, ihr gefällt dieses Leben. Daniela bemüht sich heute, mir zu neuer Energie und mehr innerer Balance

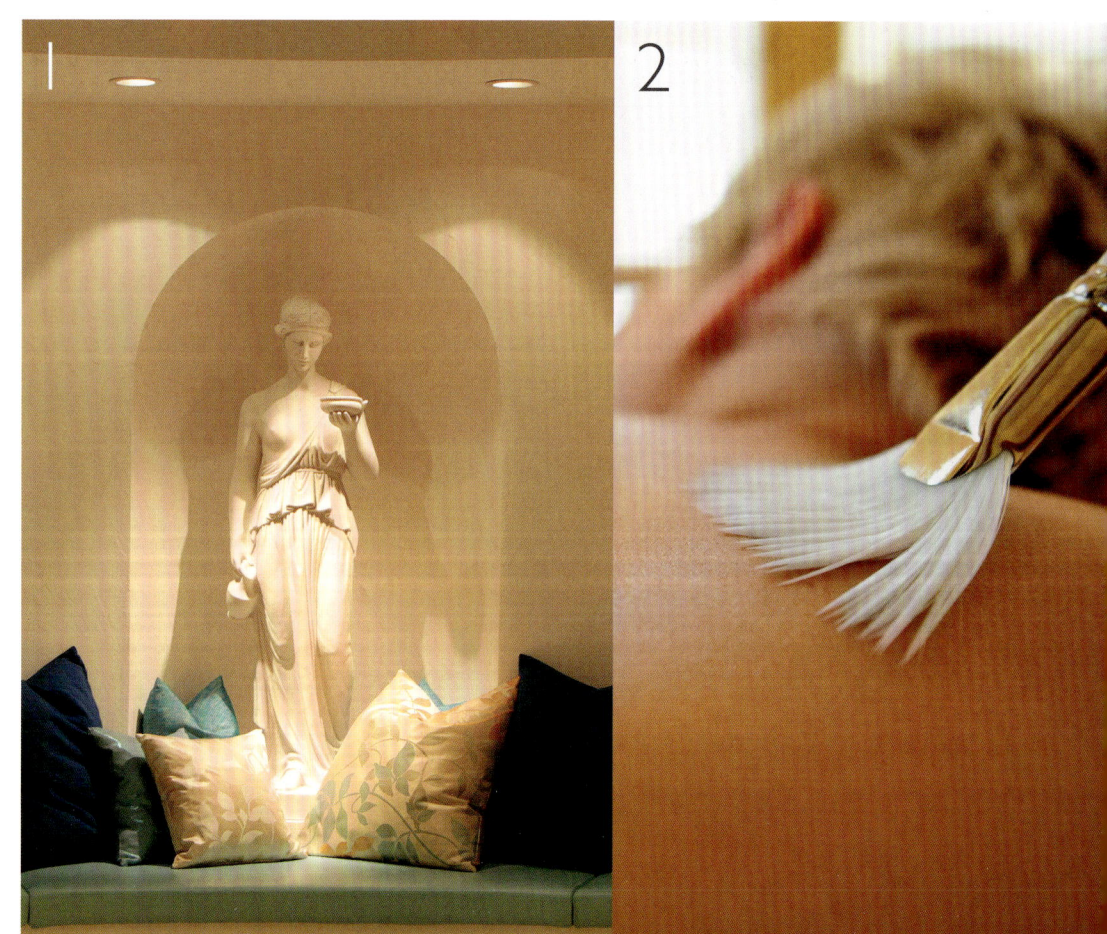

zu verhelfen. Das Zauberwort heißt »Pantai Luar«, eine asiatische Kräuter-Stempelmassage, verabreicht in der Massage-Suite. Während ich durchs Fenster beobachte, wie draußen langsam die Ostsee-Sonne untergeht, erklimme ich innerlich »Genuss-Wolke sieben«. Sie massiert meinen verspannten Rücken mit in Öl getränkten, mit Kräutern und Zitrusfrüchten gefüllten heißen Stempelkissen. »Das lockert Blockaden und gibt den Muskeln neue Energie«, erklärt sie. Wohlige Wärmeströme ziehen durch den Körper. »Jetzt bloß nicht aufhören, Daniela«, denke ich. Andererseits:

Können Wellness-Behandlungen dieser Art vielleicht süchtig machen? Eine leise Vorahnung überkommt mich.

Topfit auf Citytour
Für den Landgang in Tallinn am nächsten Morgen fühle ich mich fit wie lange nicht. Selbst die steilsten Treppen hinauf zur historischen Altstadt machen mir nicht das Geringste aus. Und der Weg wird belohnt mit einem fantastischen Blick über Estlands Hauptstadt, der bis hin zum Hafen reicht, von wo aus mir ein bekannter »Kussmund«

zulächelt. Für 17.30 Uhr heißt es »Alle Mann an Bord«. Während ich über das Pool-Deck schlendere und einen letzten Blick auf Tallinn werfe, fällt mir auf, dass man von den anderen Gästen kaum etwas mitbekommt. Die großzügigen Außendecks messen unglaubliche 6620 Quadratmeter. Dort findet sich immer ein einsames Plätzchen. Turbulenter geht es gelegentlich nur in den sieben Restaurants zu, weil jeder die kulinarischen Köstlichkeiten als Erster probieren möchte. Verständlich! Im Wechsel von Landgang und Ruhepause bieten diese Momente neue und genussvolle Erfahrungen.

Abwechslung finde ich auch in den Wellness-Bereichen, zum Beispiel mit einem eigenen

3

1 Hellas lässt grüßen! Der 2600 qm große »Body & Soul Spa« entführt die Gäste in eine griechische Welt – mit Skulpturen, Amphoren und blau-weißen Mosaiken.

2 Streicheleinheiten, von denen man gar nicht genug bekommen kann: Erfahrene Therapeuten sorgen auf alle erdenklichen Arten für Wohlbefinden und Entspannung.

3 Estlands Hauptstadt Tallinn: Der 159 Meter hohe Turm der St. Olaikirche war zwischen 1549 und 1625 das höchste Gebäude der Welt.

Ländermotto: Indien, Bali, Afrika, und auf der AIDAsol ist es eben Griechenland und Thalasso. Daneben werden entsprechende Behandlungen angeboten: »Entspannung pur« bei Shiatsu, »mehr Power« durch Hot-Stone-Therapie, »Innere Harmonie« durch eine Ayurveda-Massage von einem indischen Therapeuten, das sind nur ein paar der vielversprechenden Programme.

Nach einem langen Tag und vielen Stunden in den Schlössern und Museen von St. Petersburg werde ich zum ersten Mal der Thalasso-Therapie untreu und folge dem Geheimtipp einer Mitreisenden: »Lomi Lomi« lautet das Zauberwort. »Das ist der Renner«, verrät sie mir. »Danach fühlst du dich wie eine Göttin.« Schon der Name klingt nach Blumenkranz und Tanz. Die Massage aus Hawaii ist ein exotisches Erlebnis, das alle Sinne stimuliert. Und dieser Duft der Blüten, Früchte und tropischen Hölzer sind für meine Nase Exotik pur. Leise im Hintergrund spielt Trommelmusik, die gleichzeitig den Takt für die Behandlung vorgibt. Zuerst wird die Rück-, dann die Vorderseite in gleitenden Bewegungen massiert – und zwar mit Unterarmen, Handballen und Fingern. Zwischendurch ruhen die Hände der Therapeutin auf dem Körper, um meine Energien wieder ins Fließen zu bringen. Anschließend geht es in den Ruheraum mit seiner breiten Fensterfront. Nur noch der Kapitän teilt ein Deck tiefer auf der Brücke denselben Ausblick in Fahrtrichtung.

Biken leicht gemacht

Der Besuch Helsinkis bringt neue Abwechslung. Ich habe mich für die Biker-Truppe angemeldet, allerdings für die Soft-Tour. »Die entspannteste Fahrrad-Tour Ihres Lebens« wird mir versprochen. Ganz neu auf dem Schiff sind nämlich 21 »Pedelecs«. Das sind

Der Zauber der Zaren

Man bräuchte mehrere Tage, um die Größe und den Glanz von St. Petersburg in vollem Umfang zu begreifen. Die nördlichste Metropole der Welt verzaubert Millionen Besucher mit ihren Prachtbauten, von denen viele unter Zar Peter dem Großen in nur wenigen Dekaden entstanden sind. Dazu gehört auch die weltberühmte Eremitage, eines der prunk- und wertvollsten Museen der Welt mit über 1000 Ausstellungsräumen. Auch die vielen Kanäle und weitläufigen Boulevards machen den besonderen Charme der einstigen russischen Hauptstadt aus.

»Wir machen nicht jeden Schnickschnack mit«

Spa-Managerin Katrin Hofrichter über die Wellness-Philosophie auf AIDA Schiffen

Was unterscheidet Ihre Spas von Wellness-Bereichen anderer Kreuzfahrtschiffe?

Katrin Hofrichter: Ein Spa lässt sich nicht nach seiner Größe beurteilen, es kommt auf das Konzept an. Bei den AIDA Schiffen fängt das schon bei der Planung an. Als verantwortliche Wellness-Managerin für alle Schiffe bin ich von Anfang an direkt beteiligt. Wir haben auf allen AIDA Schiffen der Neubaureihe ab 2007 einen Themen-Spa. Hier auf AIDAsol ist es Griechenland und Thalasso. Dazu schaffen wir das perfekte Ambiente mit Farben, Stoffen, Accessoires und natürlich Thalasso-Anwendungen auf hohem Niveau, mit besten Produkten und richtigem Meerwasser, das wir über eine Pipeline ins Schiff pumpen. Alle Behandlungskabinen sind mit bodentiefen Fenstern ausgestattet. So erlebt der Gast die Treatments auf ganz neue Art.

Was macht Ihre Wellness-Behandlungen so unverwechselbar?

Die Mischung muss stimmen. Auch wenn der Schwerpunkt Thalasso ist, sind immer auch alle anderen Treatments im Angebot. Wer Ayurveda möchte oder Lomi Lomi, wird nicht enttäuscht. Dabei arbeiten wir nur mit hochwertigen Kosmetikprodukten. Die Facials und Körperbehandlungen sind so konzipiert, dass sie auch die Sinne ansprechen und nicht nur pflegen. Nicht umsonst lautet unser Motto: »Wir schicken Ihre Sinne auf Weltreise.« Manchmal ist es nur ein Sprühnebel, der zwischendurch das Gesicht erfrischt und herrlich duftet, oder eine Massage mit Edelsteinen. Eben etwas Besonderes. Der Gast soll sich daran erinnern und dieses Urlaubserlebnis mit der Schiffsreise verbinden.

Haben Ihre Mitarbeiter eine besondere Ausbildung?

Ich schaue mir jeden Bewerber persönlich an, nehme nur gelernte Physiotherapeuten und Kosmetikerinnen, die schon in hochwertigen Spas mit vergleichbaren Produkten gearbeitet haben. Beim Ayurveda etwa kommen nur indische Therapeuten zum Einsatz. Da wir zu 99 Prozent deutsche Gäste haben, die auf Deutsch angesprochen werden wollen, lernen die Mitarbeiter auch die Sprache. Dazu kommt ein intensives Weiterbildungsprogramm auf den Schiffen.

Wie sieht es mit aktuellen Trends aus, machen Sie alles mit?

Neue Ideen, die sich am Zeitgeist orientieren, sind immer gefragt. So bieten wir bei der Ernährungsberatung jetzt auch Metabolic Coaching an, bei dem die Stoffwechselfunktionen verbessert werden. Und wir verzahnen es mit dem Spa-Besuch. Auch neu ist die »Powerplate« – die lieben die Leute. Aber wir machen nicht jeden Schnickschnack mit.

Woher bekommen Sie Ihre Ideen?

Ich reise sehr gerne und viel, sehe mir viele Spas auf der ganzen Welt an und probiere selbst aus. Da weiß ich dann schnell, was zu unserer Philosophie passt und was nicht.

Thalasso-Abc

Das Wort Thalasso kommt aus dem Altgriechischen thálassa und heißt Meer. Die Thalasso-Therapie verdient nur dann ihren Namen, wenn das salzige Nass in unmittelbarer Nähe ist. Deshalb ist ein Kreuzfahrtschiff der ideale Ort für diese Therapie:

Algen-Behandlungen

Ausgewählte Meeresalgen-Arten, die reich an Vitaminen, Mineralien und Spurenelementen sind, werden in Form von Badezusätzen, Ampullen, Cremes und Packungen angewendet. Sie regen den Stoffwechsel an, regulieren den Feuchtigkeitsgehalt der Haut, wirken entschlackend und straffend.

Aquatics

Sammelbegriff für alle im Wasser stattfindenden Sportarten und Entspannungs-Therapien: Aqua-Balancing, Aqua-Gym, Watsu (Wasser-Shiatsu).

Eisgrotte

Hier gibt es riesige Becken mit zerstoßenem Eis für coole Abreibungen nach der Sauna oder dem Dampfbad. Gut für den Kreislauf.

Erlebnis-Dusche

Ein warmer Sprühnebel verwöhnt die Haut. Dazu gibt es Farblichtspiele wie beim Tropengewitter. Oder das genaue Gegenteil: eiskalte Güsse und gleißendes Polarlicht.

Frigi-Thalgo-Wickel

Kühle Wickel, getränkt mit einer Algen-Kampfer-Menthol-Lösung, regen die Fettverbrennung in der Haut an, entstauen und entgiften. Gut bei Cellulite, Besenreisern, Krampfadern, müden Beinen.

Jet-Dusche

Hochdruckmassage mit einem harten Strahl aus warmem Meereswasser. Er wird gezielt auf Arme, Beine und Po gerichtet. Das kurbelt den Kreislauf an und festigt das Bindegewebe.

Softpack-Liege

Schwebend entfernt sich der Alltag auf dieser speziellen Liege. Erst wird die richtige Ölsorte ausgesucht. Wer seine Haut verwöhnen möchte, lässt sich mit Jojoba- oder Rosen-Öl einreiben. Arnika macht die Muskeln geschmeidig, Algen entschlacken. Danach wird der Körper in Folie gehüllt und in Decken eingeschlagen. Dann sackt man in das rund 40 Grad warme Wasserbett und bleibt 20 Minuten drin, bis alle Aktivstoffe ihre volle Wirkung entfaltet haben. Ein echter Jungbrunnen.

Vichy-Dusche

Wurde im gleichnamigen französischen Badeort entwickelt. Während man auf einem vorgewärmten Fliesentisch liegt, sprühen zahlreiche Düsen warmes Meerwasser auf den Körper, und gleichzeitig massieren ein oder mehrere Therapeuten den Körper von Kopf bis Fuß. Ein absolutes Wellness-Highlight.

Whirlwanne

Ist ausgestattet mit vielen verschiedenen Düsen. Sie sind regulierbar, massieren zwischen kräftig und leicht. Bei der Thalasso-Therapie ist echtes Meerwasser in der Wanne oft noch mit Algen- oder Salzextrakten angereichert.

Fahrräder, die mit einem Elektromotor ausgestattet sind. Die Hoffnung, ganz ohne jede Anstrengung die finnische Metropole zu erkunden, verfliegt allerdings schnell. Fitness-Coach Simona erklärt mir: »Dieser Motor funktioniert nicht wie ein eigenständiger Antrieb, sondern als Tretunterstützung … wie ein eingebauter Rückenwind sozusagen.« So kann man immerhin mit wenig Kraftaufwand größere Distanzen und Steigungen überwinden und zum Beispiel auch einen Berg hochfahren. Und so gelingt der Anstieg hinauf zu Helsinkis Wahrzeichen, dem riesigen klassizistischen Dom, ganz locker. Zurück an Bord der AIDA gönne ich mir eine entspannende »Vichy-Dusche«. Während das mollig warme Meerwasser aus den Duschköpfen auf meinen Körper rieselt, massiert Therapeutin Marit von Kopf bis Fuß die Muskeln weich.

Die Kraft der Elemente

Eigentlich bräuchte man Wochen, um alles auszuprobieren, was AIDAsol an Wellness-Highlights anbietet. Auf keinen Fall verpassen darf man jedoch eine Sinnesreise mit dem klangvollen Namen »Die Kraft der Elemente«. Zu Beginn der rund dreistündigen Behandlung steht eine kleine Teezeremonie – das wärmt von innen und bereitet auf die heißen Aroma-Aufgüsse vor, die den Körper erglühen lassen. Vier Bilder und Düfte sollen mich auf diese exotische Reise einstimmen. Ich muss mich für eines der Natur-Reiche – Pflanzen, Wasser, Licht und Erde – entscheiden. Und schon geht es los: Salze gemischt mit würzigem Marula-Öl werden von Kopf bis Fuß kreisend einmassiert und sorgen für Samthaut. Da wirkt die feuchtigkeitsspendende Gesichtsmaske zwischendurch wie eine kühle Brise, und auch die frischen Früchte und die Bowle sorgen für innere Abkühlung. Ovale Lavasteine – auf angenehme 40 Grad erhitzt – schicken auf den Handflächen platziert dann wieder wohlige Wärmeströme durch den ganzen Körper. Warmes Argan-Öl stimuliert die Haut bei der anschließenden Edelstein-Gesichtsmas-

Zeit für mich

Seereise mit Mehrwert: In der Hektik des Alltags verlernen viele Menschen, auf ihre Bedürfnisse zu hören, sich zu spüren. Nach den Thalasso- und sonstigen Wellness-Behandlungen auf der AIDAsol stellt sich eine wunderbare Veränderung ein: Man fühlt sich entspannt und in innerer Harmonie.

sage. Das ist Entspannung in höchster Perfektion und die ideale Einstimmung auf eine vitalisierende Sauna-Nacht. Wer möchte, kann auch eine sanfte Rückenmassage oder eine modellierende Körperpackung dazu buchen. Für mich ist mit diesem Programm der Wellness-Zenit für heute allerdings fast schon überschritten.

Von A(erobic) bis Z(umba)

Genug Peelen, Cremen, Entspannen – nach diesen Verwöhneinheiten verlangt mein Körper nach aktiver Beschäftigung. Höchste Zeit, dem Fitnessbereich einen Besuch abzustatten. Schon die ganze Zeit lese ich in der täglichen Bordzeitung staunend, was alles angeboten wird. Pro Reise kann man bis zu 30 verschiedene Kurse besuchen – von Aerobic bis Zumba, von Indoor-Cycling bis Rücken-Fit. Wer will, kann seine Muskeln an den neuesten Kraftgeräten stählen, auf dem Deck den Jogging-Track ausprobieren, aber auch Basketball oder Volleyball spielen. Ich entscheide mich für eine private Trainerstunde »Authentisches Yoga« mit dem indischen Meister Gurmeet. Schnell muss ich feststellen, ihn und mich trennen Welten – nicht nur kulturell. Vor allem in puncto Gelenkigkeit kann ich dem Meister nicht annähernd das Wasser reichen. Wie er die Füße hinter dem Kopf verschränkt, elegant den »Sonnengruß« ausführt – bewundernswert, aber nicht unbedingt meine Sache. Die »Powerplate« ist schon eher mein Fall: Einfach draufstellen und gut festhalten. Intensive Vibrationen dienen der Muskelbildung, sollen überflüssige Fettpölsterchen killen und sogar unschönen Cellulite-Dellen den Garaus machen. Was will man mehr?

Man bräuchte viel mehr Zeit! Auf See vergehen die Tage wie im Flug. Schon laufen wir Danzig an, das ich auf dem bequemen Segway-Roller während einer geführten Stadtbesichtigung erkunde. Ein fauler Nachmittag folgt und schon kommt die letzte Nacht. Sanft vom Meer in den Schlaf geschaukelt erreichen wir den Heimathafen Warnemünde. Beim Verlassen zeige ich zum letzten Mal meinen Bordausweis mit dem Foto vor, das am Anreisetag gemacht wurde. Ich hätte mich beinahe nicht wiedererkannt.

Erbe der Hanse

Die liebevoll restaurierten Bürgerhäuser und öffentlichen Gebäude erinnern an die goldenen Zeiten, als Danzig eine ebenso bedeutende wie wohlhabende Hansestadt war. Passagiere der AIDAsol können das heute zu Polen gehörende Gdansk an der Danzinger Bucht bei einer flotten Tour mit dem trendigen Segway-Roller erkunden.

Wellness-Oase mit Nebenwirkungen

Steckbrief AIDAsol

Reederei: AIDA Cruises
Indienststellung: 2011
Dimensionen: 71 304 BRZ,
Länge: 253 Meter, Breite:
32,20 Meter
Decks: 14
Passagiere: max. 2194
Mannschaft: 609
Einsatzgebiet: Kanaren, Europa

Kabinen & Suiten

1097 (711 außen, 386 innen),
davon 510 mit Balkon (34 Spa
Balkonkabinen, 23 Suiten und
Junior-Suiten). Größen: 14 bis
87 qm. Alle Kabinen verfügen
über ein großes Doppelbett
bzw. zwei Einzelbetten, Bad,
Telefon, TV-Gerät mit einer
Auswahl an eigenen sowie Satellitenprogrammen, Arbeitsplatz
mit Laptop-Anschluss, Minibar,
Haartrockner und eine individuell regulierbare Klimaanlage.

Restaurants & Bars

7 Restaurants, davon 4 Büfett-
Restaurants ohne feste Sitz-
ordnung und Tischzeit. Zwei
Spezialitäten-Restaurants, teilweise gegen Zuzahlung, und das
exzellente Gourmet-Restaurant
»Rossini«. 11 Bars/Cafés und
Lounges bieten den Passagieren
eine große Auswahl an Speisen
und 270 Getränke-Kreationen.

Wein und Bier sowie viele
alkoholfreie Getränke sind zu
den Mahlzeiten inklusive. Auf
Deck 10 gibt es ein »Brauhaus«
mit urigem Biergarten und
Großbildleinwand für Sport-
übertragungen. Wer mehr über
den Gerstensaft wissen möchte,
bucht ein Brauseminar beim
Braumeister mit Kostproben des
Gerstensafts (kostenpflichtig).

Wellness & Sport

2602 qm Thalasso-Spa »Body &
Soul« in mediterranem Ambiente mit Wellness-Oase und Win-
tergarten (Tagespreis 20 Euro).
Verwöhnt wird mit vielseitigen
Wellness- und Beauty-Anwen-
dungen der Produkte von Ter-
raké, Thalgo, St. Barth, Couleur
Caramel in 14 Behandlungskabinen mit Meerblick, 1 Wellness-
Suite mit eigener Sauna, beheiz-
barem Wasserbett, Whirlpool
und Balkon. Saunalandschaft
mit Panoramascheiben, Friseur-
Salon. Auf dem Pooldeck gibt es
eine Wasserlandschaft mit zwei
Becken und Whirlpools. Separa-
ter Kids-Club und -Pool. Großes
Fitnesscenter mit Panoramablick, riesiges Kursangebot meist
ohne Aufpreis. Spielfeld für
Basket- und Volleyball, Jogging-
Bahn, Golf-Abschlagplatz und
Internet-Lounge.

Unterhaltung & Ausflüge

Video-Großleinwand auf dem
Pooldeck mit Musik- und
Filmvorführungen. Offenes
»Theatrium« in der Mitte des
Schiffes mit täglich wechselnden
Shows vom bordeigenen Profi-
Ensemble oder Gastauftritten
prominenter Künstler. Casino,
Disco, 4D-Kino (mit Aufpreis),
Kunstgalerie. In jedem Hafen
eine Auswahl an Ausflügen,
darunter auch Golf-, Rad- und
Squad-Touren.

Bordsprache & Dresscode

Bordsprache ist Deutsch. Tagsüber ist legere Freizeitbekleidung üblich. Abends kleidet man
sich sportlich elegant.

Die AIDAsol ist das achte Schiff
der AIDA-Flotte.

Fazit

Wer eine stilvolle, aber lockere
Atmosphäre schätzt, keine festen Essenszeiten mag, Wellness,
Sport und gute Unterhaltung
liebt, ist hier richtig. Die Pools
sind zwar nicht zum Schwimmen, sondern eher zum Relaxen
geeignet. Doch man findet
immer einen Platz, wo man sich
die Meeresluft um die Nase
wehen lassen kann.

Info & Buchung

AIDA Cruises,
Tel. 0381/20 27 07 22,
www.aida.de oder im Reisebüro

46 Happening der Headbanger

Bei Heavy-Metal-Kreuzfahrten werden elegante Oceanliner zu Musikbühnen.

Seit 2011 gibt es das jährliche Festival »70 000 Tons of Metal«. Dann bricht von Miami ein Schiff der Royal-Caribbean-Reederei, etwa die Liberty of the Seas, mit über 2000 Metal-Fans in Richtung Karibik auf und verwandelt sich in eine schwimmende Konzertbühne. Vier Tage lang wummern Bässe, jaulen Gitarren. Bis zu 60 Bands aus diversen Ländern übertönen Wind und Wellen. Passagiere genießen das Privileg, ihren Lieblingsbands ganz nahe zu sein und mit dem Passagepreis den Backstage-Pass gleich mitgekauft zu haben. Alle Einrichtungen, wie Restaurants, Spa, Fitnesscenter, Pool, sind auch beim Konzertmarathon verfügbar.

Liberty of the Seas
Zielgebiet: Karibik
Buchung: Royal Caribbean International,
Tel. 08 00/724 03 45, www.royalcaribbean.de
oder im Reisebüro

47 Kunst und Künstler an Bord

Bei AIDA Cruises wird das Schiff zu einem persönlichen Atelier und zur Galerie.

International anerkannte Künstler einmal persönlich kennenzulernen und ihnen bei ihrem Schaffen über die Schulter zu blicken ist im Allgemeinen nicht so leicht möglich. Mit dem Programm »Galeriekünstler Live« an Bord der AIDA-Flotte wird jedoch genau das umgesetzt. Dabei verwandeln Maler, Grafiker oder Bildhauer das Schiff in ihr Atelier und lassen ihrer Kreativität freien Raum. Mitreisende Gäste können den Entstehungsprozess hautnah miterleben und die Werke anschließend ersteigern. Begleitend gibt es Kunstvorträge, Talkrunden, Sonderausstellungen oder Gourmetabende mit künstlerischem Rahmen.

AIDA-Flotte
Zielgebiet: weltweit
Buchung: AIDA Cruises, Tel. 03 81/
20 27 07 22, www.aida.de oder im
Reisebüro

48 Einfach mal schnuppern!

Minikreuzfahrten sind sehr im Trend – etwa von Hamburg nach Southampton.

Oft auch als Schnupperkreuzfahrten bezeichnet, bieten zwei- bis viertägige Seereisen die Möglichkeit, das Leben an Bord eines Traumschiffs kennenzulernen und die eigene Hochseetauglichkeit zu testen. Auch wenn die Reisezeit viel kürzer ist, genießen Gäste natürlich genau denselben Komfort. Zahlreiche Restaurants, Casinos, Kinosäle und andere Aktivitäten laden z. B. auf den zwölf Decks der Queen Elizabeth dazu ein, puren Luxus zu erleben und eine wunderbare Zeit auf hoher See zu verbringen. Sie befährt u. a. die Strecke Hamburg–Southampton. Eine weitere beliebte Route für Kurzreisen ist Kiel–Oslo.

Queen Elizabeth
Zielgebiet: Europa, Karibik, Südsee
Buchung: Cunard Line, Tel. 0 40/
41 53 35 55, www.cunard.de
oder im Reisebüro

49 Cruisen bildet

Bei den »Expedition Wissen«-Kreuzfahrten der Hanseatic reisen Experten mit.

Was steckt hinter dem Aufstieg der Wirtschaftsmacht China? Wie funktioniert das politische und öffentliche Leben in Japan und Korea? Bei den »Expedition Wissen«-Kreuzfahrten der Hanseatic erhalten Passagiere im Austausch mit Experten interessante Einblicke in fremde Welten. Ihre Diskussionspartner und Vortragenden sind ehemalige Botschafter, Wirtschaftsbosse oder Politik-Fachleute. Studienreise-Charakter haben auch die Landausflüge. So steht in Honkong ein Mittagessen im China Club auf dem Programm, dem Treffpunkt für Kosmopoliten aus Wirtschaft, Kultur und Politik, sowie ein Besuch der Börse. In Shanghai geht es zu einer der weltweit größten Produktionsstätten des Volkswagen-Konzerns. Daneben bleibt Freiraum, die Hanseatic zu genießen, das einzige 5-Sterne-Expeditionsschiff. »Expedition Wissen«-Kreuzfahrten werden auch zu anderen Destinationen angeboten.

Hanseatic
Zielgebiete: weltweit, u. a. Arktis und Antarktis
Buchung: Hapag Lloyd Kreuzfahrten, Tel. 0 40/30 70 30 70, www.hl-cruises. de oder im Reisebüro

50 Maus & Meer

Die Disney Fantasy hält, was sie verspricht: eine Überdosis Donald Duck & Co.

Dürften alle Kinder bei der Wahl ihrer Kreuzfahrt ein Wörtchen mitreden, fiele die Entscheidung sicher auf die vier Disney-Schiffe. Auch das jüngste Flottenmitglied, die Disney Fantasy, ist ein schwimmendes Disneyland und erfüllt Kinderträume. Micky, Donald & Co. sind stets zum Knuddeln und Fotografieren bereit. Das Schiff mit 4000 Passagieren ist ganz auf die Bedürfnisse von Familien ausgerichtet. Erwachsene ohne Kinder sind entweder Disney-Fans oder nicht ganz bei Trost. Dem Comic-Kinder-Trubel ist nur schwer zu entkommen. Allerdings sind von den sechs Restaurants zwei nur Erwachsenen vorbehalten, ebenso zwei der vier Pools. Highlight für die Kinder ist die Wasserrutsche »Aqua-Duck«: 230 Meter lang, am höchsten Punkt befindet man sich 50 Meter über dem offenen Meer. Von Port Canaveral in Florida startet die Disney Fantasy zu einwöchigen Kreuzfahrten in die Karibik.

Disney Fantasy
Zielgebiete: östliche und westliche Karibik
Buchung: Disney Cruise Line, http://disneycruise.disney.go.com, www.dertour.de oder www.e-hoi.de

Im Kiel-
wasser

Wie daheim – nur anders

Alle Menschen sind gleich? Von wegen! An Bord von Kreuzfahrtschiffen merkt man davon nämlich überhaupt nichts.

Text: Wolfgang Spielhagen   Illustration: Olaf Hajek

Kreuzfahrten haben die Menschen schon immer begeistert. Bereits am 27. November 1095 antwortete die Menge auf die Ankündigung der ersten Kreuzfahrt jubelnd: »Gott will es!« Der Eventmanager dieser ersten großen Tour, die man damals noch Kreuzzug nannte, hieß Otto von Lagery, wurde aber von aller Welt »der Städter« genannt, »Urban« also, und weil es zuvor schon einmal einen solchen gegeben hatte, heißt er bis heute Urban II., Papst seines Zeichens und als solcher eben auch Reiseveranstalter. Gleich die erste Destination, Jerusalem, war ein voller Erfolg und wurde in den folgenden hundert Jahren immer wieder massenhaft angesteuert.

Seitdem sind fast tausend Jahre vergangen und vieles hat sich geändert. Die Reiseziele findet man heute auf der ganzen Welt, allerdings gehört es nicht mehr zum Programm,

sie gleich beim ersten Landgang in Schutt und Asche zu legen. Wozu auch? Man hat ja alle Zeit der Welt. Also immer schön mit der Ruhe.

Schon im Terminal der Reederei in Venedig beginnt das Schaulaufen der Nationen. Die Deutschen holen dort mit spitzbübischem Lächeln das letzte Wurstbrot aus dem Daypack und verdrücken es mit stillem Wohlbehagen, nicht ohne Gemeinsinn: »Willste mal abbeißen?« Dazu ein Thermoskannenkaffee, vermutlich daheim gebrüht. Die Italiener wiederum fühlen sich zu Hause, umringen lautstark die Panini-Limonata-Café-Bar, fuchteln mit angebrannten Foccacias herum und trinken sich Mut an. Die Briten behalten ihren Appetit vorerst noch bei sich und verleihen stattdessen ihrer Verwunderung sowohl über die Deutschen (»My goodness, what a bad style!«) als auch über die Italiener (»Hea-

vens! How noisy!«) Ausdruck. Die Amerikaner machen – wie immer – einen guten Job als Weltbotschafter der Jogginganzug-Turnschuh-Industrie. Sie wären eigentlich auch gerne laut und ostentativ fröhlich. Aber sie sind hier eine Minderheit und überlassen das Feld kampflos den wild durcheinander diskutierenden Italienern. Die Amis gehen auch ansonsten auf Nummer sicher, krümeln mit eben noch eingeschweißten Keksen herum, trinken Wasser aus Plastikflaschen und ihre Rucksäcke tragen sie auf dem Bauch.

Allen Landratten ist eine gewisse Bangigkeit anzumerken. Allmählich dämmert ihnen, was es heißt, wenn über 3000 Erholung Suchende auf denselben Dampfer wollen – natürlich sofort und alle auf einmal. Die Befürchtungen sind jedoch völlig grundlos, irgendwann kommt jeder dran, im Nu ist man an Bord der MS Filigrana. Auf so einer Kreuzfahrt werden viele Wünsche befriedigt. Den Deutschen bedeuten die Landgänge alles, die Engländer genießen die Rituale an Bord mit dem ultimativen Höhepunkt Captain's Dinner. Die Amerikaner hoffen auf Nonstop-Entertainment und die Italiener hocken am liebsten zusammen, egal wo. Für alle und für jeden aber gilt: Für die beste Unterhaltung sorgen die Mitreisenden selbst.

Der allein reisende Herr in mittleren Jahren etwa stellt sich als unaufdringlicher, charmanter Plauderer und gut angezogener Zuhörer mit besten Ma-

Die Italiener

... fühlen sich an Bord wie zu Hause, fuchteln mit angebrannten Foccacias herum und trinken sich Mut an. Sie neigen zu Gruppenbildung, verstopfen Treppenaufgänge, Büfetts und Aufzüge und machen den Eindruck, in einer Großfamilie zu reisen – ob sie nun miteinander verwandt sind oder nicht.

nieren heraus. Das kommt besonders bei liierten Frauen gut an, weil die das von ihren Männern nicht gewöhnt sind. Wie alle Mauerblümchen wird er zum Dinner vom Maître d'Hotel dorthin platziert, wo an einem der runden Sechser- oder Achtertische ein Einzelplatz gefüllt werden muss. – Nur wenn eine Dame sein Mitleid erregt, kann sie ihn am späteren Abend als Tanzpartner gewinnen. Viel lieber schaut er allerdings um diese Zeit ins schäumende Heckwasser des Schiffes. Noch lieber wäre ihm ein tiefer Blick aus den Augen des Commis Sommelier. Auch wenn es mit dem jungen Mann nicht zum Äußersten kommen sollte, dieses Wölkchen unerfüllter Sehnsucht um die Nase steht unserem Herrn bestens.

Und dann sind da die »unklaren Massen«. Denen ist jeder schon begegnet, wenn er im städtischen Hallenbad einige Bahnen für die Gesundheit ziehen wollte. Im 50-Meter-Becken paddeln sie entweder stationär auf der halben Distanz oder sie genießen die Randlage an den Wendemarken. Immer haben sie etwas Wichtiges zu bereden und immer sind sie einem im Weg. Auf einem Kreuzfahrtschiff trifft man die unklaren Massen vorzugsweise auf jenem Freideck, auf dem sich auch der Jogging-Parcours befindet. Das Unklare an ihnen bezieht sich vor allem auf die Frage, was sie dazu bewegt, ihren neuen Bekannten ausgerechnet hier die Fotos der letzten Kreuzfahrt zu zeigen.

Die Amerikaner

... machen wie überall auf der Welt einen guten Job als Weltbotschafter der Jogging-anzug-Turnschuh-Industrie. Mit den obligatorischen Wasserflaschen in der Hand und dem Rucksack vor dem Bauch demonstrieren sie eindrucksvoll, dass eine Kreuzfahrt eine Art gehobener Pfadfinderausflug ist.

Die Trophäenjägerin reist allein. Sie sieht gut aus, und damit das auch der Letzte bemerkt, feuert sie pausenlos optische Breitseiten: Tönung, Frisur, Make-up, Klamotten, ergänzt durch eine ausgefeilte Choreografie zwischen Luxus, Kälte und Verruchtheit. Mit diesem Programm hält sie alle auf Distanz, die ihr langweilig werden könnten. Hat sie einen Kerl entdeckt, den sie entern will – gern gut situierte Ehemänner in Begleitung ihrer Gattin, am liebsten jedoch den Ersten Offizier, falls der Kapitän gerade nicht zu haben sein sollte – lässt sie Taschentücher fallen, knickt um und lässt ständig ihr Feuerzeug liegen. Kaum zu glauben, dass diese Mischung aus augenklapperndem Hilflosigkeitsbärchen, verschlagenem Vamp und Queen Elizabeth immer noch funktioniert! Nicht zu fassen, dass da eine alle Klischees grell überzeichnet und

bedenkenlos einsetzt, als gälten die Gesetze der Peinlichkeit nicht für sie. Sie steht unter scharfer Beobachtung der mitreisenden Damen, fängt anfangs hämische Blicke ein, am Ende das große Zähneknirschen.

Die sieben trinkfreudigen Incentive-Damen aus Paderborn sieht man meist gemeinsam, ob beim Abendessen im Restaurant Mobby Dick oder in der Polo Bar im Atrium auf Deck 3, wo sie allabendlich die roten Ledersessel kreisförmig zusammenrücken. Die glorreichen Sieben haben wohl irgendetwas besonders gut verkauft und als Belohnung ist ihnen eine Woche Kreuzfahrt verheißen worden. Und da sind sie nun. Nummer eins bis Nummer sieben, einander in mühsam gezügelter Stutenbissigkeit auf der abendlichen Gin-Tonic-Ebene verbunden. Hauptsache easy!

Die professionellen Landgänger haben sich bereits am Vortag durch die Sehenswürdigkeiten geschmökert: nette, noch nicht ganz alte Paare, die vor dem Ausflug bereits zum Frühstück die praktische Safariweste tragen – eingespielte Teams mit genauer Aufgabenverteilung. Sie trägt ihm das Fotostativ, er sorgt bei Tisch für Aufklärung: »Nein, bitte keinen Zucker! Meine Frau nimmt nur Süßstoff.«

Bei guten Sprachkenntnissen kann man gewiss das Geheimnis jener italienischen Zusammenballungen enträtseln, welche, ganz ähnlich den »unklaren Massen«, gern Treppen und Poolzugänge verstopfen, Büfetts abschirmen und auf den Sonnendecks ihre undurchdringlichen Heerlager aufschlagen. Von der jung gebliebenen Großmutter bis zum quengelnden Vorschulkind, vom adoleszierenden Gel-Giovanni bis zur gutgefüllten Legging-Mama, von den iPod-verstöpselten Teenies in mehr oder weniger zarter Jugendblüte bis zum stämmigen Capo mit Pilotenbrille und Kapitänsmütze aus dem Bord-Shop auf dem Alexandria-Deck. Großfamilie? Sekte? Ziemlich beste Nachbarn? Man wüsste gern Näheres.

All diese Typen und noch viel mehr werden in den nächsten Tagen immer wieder in der einen oder anderen Konstellation aufeinandertreffen. Die meisten Gesichter, Gesten und Stimmen bilden den großen Hintergrund, doch einige wenige hebt das Schicksal aus der lebenden Fototapete heraus, und dieses Schicksal hat einen Namen: Oberkellner. Der nämlich ist Herr der Dinner-Sitzordnung. König Kunde darf sich wundern und hat mehrere Abende Zeit, die geheimen Gesetze der Platzierungen zu ergründen.

Man sollte also einfach Platz nehmen, denn dieser erste Augenblick im Angesicht wildfremder Menschen ist ja nicht das Ende der Geschichte. Lächeln, zuhören und erzählen heißt das Gebot der Stunde. Gebhardts denken nach vorn, würden gern schneller bedient werden, weil sie vor der Show im Schiffstheater in der Lobby noch einen Espresso trinken wollen. Und morgen Pompeji – ganz wunderbar! Mister und Mistress Hinkley aus Deal, Kent, England, werden nach dem Dinner einen Deckspaziergang unternehmen, später dann »for a night cap (or two)« an der Bar vorbeischauen. Und morgen, wenn die Deutschen begeistert zwischen alten Steinen schwitzen, werden sie einen gepflegten Lunch im Spezialitätenrestaurant und danach die Ruhe an Bord genießen. Hanna und Julia, die beiden sehr jungen Damen, die heilfroh sind, an einem anderen Tisch zu sitzen als ihre Eltern, werden ab elf in der Vulcania-Disco zu finden sein. Und dann wäre da noch die geheimnisvolle Frau Kroll, von der man zu gern wüsste, warum sie sich für etwas Besseres hält als der Rest der Welt.

An einem der Nebentische eine der bordüblichen italienischen Zusammenballung, an einem anderen die glorreichen Sieben aus Paderborn. Von den Italienern hört man erstaunlicherweise wenig, wahrscheinlich weil sie sich kennen und das Wichtigste schon gesagt ist. Von den Paderbornern wiederum schallt es mit fortschreitendem Abend zunehmend

Die Landgang-Profis

... meist Silversurfer, tragen bereits zum Frühstück die praktische Safariweste. Natürlich haben sie am Vorabend den Destinationsvortrag aufmerksam verfolgt und treiben die Mitpassagiere mit ihren altklugen »Ich weiß was!«-Einwürfen in den Wahnsinn.

Die Trophäenjägerin

... will mit der gefährlichen Kombination aus Unnahbarkeit und Verruchtheit gut-situierte Gatten entern. Leider sieht sie super aus, was ihre Sympathiewerte bei den Ehefrauen nicht unbedingt in die Höhe schnellen lässt. ... Der allein reisende Herr, meist ein charmanter, eleganter Plauderer, steht wiederum eher auf liierte Frauen.

rotwangig herüber. Witze, Späßchen, Spitzen und Mätzchen am laufenden Band, und über die des Vertriebsleiters wird am lautesten geprustet. So viel Heiterkeit! Wenn das mal gut geht. Die Italiener gucken irritiert zu den gackernden Ladys hinüber. Irgendwie ist das nicht ihre Art von Fröhlichkeit.

Beim Frühstück am nächsten Morgen bietet sich die Gelegenheit, sich in anderen Konfigurationen zu paaren und zu scharen, als es das Management für das Abendessen vorgesehen hat: freie Platzwahl. Wie auch immer: Will man selbst Herr der Lage bleiben, sollte man sich früh einfinden, denn wenn erst einmal die unklaren Massen und die berüchtigten italienischen Zusammenballungen auftauchen, ist es Zeit, das Frühstück zu beenden und den Rest des Tages in Angriff zu nehmen.

Und noch ein kleiner Tipp: Will man jene Mitreisenden entdecken, auf die man sich auch in schwerer See verlassen kann, muss man sich an jene Orte begeben, an denen sich die Geister scheiden. Der Landgang in Valetta, Malta, ist für eine solche Prüfung eine gute Gelegenheit. Besonders wenn gleichzeitig vier oder fünf Kreuzfahrtriesen im Hafen liegen und 12 000 bis 15 000 Landgänger durch die Gassen der Altstadt geschleust werden, sind Gelassenheit, Nervenstärke und Teamfähigkeit gefragt. Im Kampfgetümmel der Passagierscharen wächst hier der Gemeinsinnige über den Egoisten hinaus. So lernt man sich kennen und schätzen. Irgendwie keimt das Bedürfnis auf, aus der Gruppe auszubüxen und sich auf eigene Faust auf den Weg zu machen. Am Abend sind ja sowieso alle wieder beieinander.

Und gerade dann, wenn man sich ein Bild gemacht hat, wird das letzte Abendmahl aufgetragen, elegant gekleidete Menschen, Torten mit Wunderkerzen zu erhabenen Klängen. Von Dubrovnik aus geht es nordwärts in die Nacht hinein. Jetzt einen draufmachen und durchfeiern, bis Venedig im Frühgrau vor dem Bug auftaucht – ja, das wär's. Ist aber leider nicht drin. Stattdessen müssen bis 23 Uhr die gepackten Koffer auf dem Kabinengang stehen, mit ausgefüllten Gepäckzetteln, versteht sich. Die Heimreise hat schon begonnen, hoffentlich geht der Flug von Venedig pünktlich ab. Hat man auch alle Adressen ausgetauscht? Nein, hat man nicht – das tun nur die Ahnungslosen. Die anderen wissen: Schön war's! Aber nun beginnt etwas Neues. Eigentlich ja das Alte, Vertraute, Wohlbekannte. Und das ist gut so.

Meergiganten und Seefahrer

»Wer an der Küste bleibt, kann keine neuen Ozeane entdecken«, soll der Portugiese Ferdinand Magellan gesagt haben. Er brach 1519 zu einer Weltumseglung auf. Sein Ziel: neue Seewege für den Handel zu finden. Seine Besatzung: höchstens 60 Mann. Heute stechen große Schiffe zum Vergnügen in See. Ihre Ziele: ferne Landstriche und Metropolen, wilde Küsten und quirlige Häfen. Ihre »Besatzung«: Tausende von Menschen. Taucht solch ein Gigant auf, verändert sich die Welt für einen Moment dramatisch. Dimensionen geraten ins Wanken. Farben und Formen fordern die Fantasie heraus. Und der Horizont? Wird weiter, immer weiter.

S. 144/145: Wer bestaunt hier wen? Mit dem Kreuzfahrtschiff in die Lagunenstadt Venedig einzulaufen und die Stadt der 1000 Kanäle aus der ungewöhnlichen Perspektive von schräg oben zu sehen, ist unbestritten ein Erlebnis. Per Schiff am Markusplatz vorbeizuziehen, ist allerdings nicht mehr möglich. Aus Rücksicht auf das fragile Fundament, die Holzpfähle, wird nun ein alternativer Fahrweg gewählt.

S. 146/147. Der Geirangerfjord und die Wasserfälle »Seven Sisters« zählen zu den spektakulärsten Naturkulissen der Welt. Das Meer greift hier tief in Norwegens Küste und bildet einen einzigartigen Wasserweg, über dessen Dimension sich mancher erst beim Aufkreuzen eines Schiffs gewahr wird.

S. 148: Das Windjammertreffen »Sail«, das 1975 erstmals zum 700. Stadtjubiläum von Amsterdam stattfand, lockt alle fünf Jahre

Tausende von Liebhabern der schmucken Großsegler in Hollands Hauptstadt. Neben der »Sail« in Bremerhaven ist dieses Fest eines der größten Treffen von Segelschiffen in der Welt.

S. 149: Für den rund sechs Kilometer langen Kanal von Korinth durchgrub man die Landenge an ihrer schmalsten Stelle. Die Idee, deren überlieferter Anfang dem griechischen Tyrannen Periander von Korinth zugeschrieben wird, liegt gut 2600 Jahre zurück. Allerdings hat Periander nie einen Bauversuch gewagt. Stattdessen bot im 6. und 5. Jahrhundert v. Chr. ein Schiffskarrenweg eine Alternative zur Umschiffung der Halbinsel.

S. 150/151: Wer abends von New Jersey Richtung Osten über den Hudson River blickt, erlebt eine unendliche Flut an Lichtern. Der New York Harbor umfasst den Naturhafen an der Mündung des Hudson, sieben derzeit genutzte und einige historische Hafenanlagen. Er dient sowohl als internationaler Tiefsee- und über den Hudson auch als Binnenhafen für den Nordosten der USA und den Osten Kanadas.

S. 152 und 153: Der mit Stahlplatten verstärkte Rumpf des Kreuzfahrtschiffs ist für die Berührung mit Wasser – auch im gefrorenen Zustand – gewappnet. Die in die kalten Reviere der Arktis oder Antarktis fahrenden Schiffe sind oft für die Expedition umgebaute Eisbrecher, die auch eine Fahrt durch Packeisschollen bis zu einem bestimmten Grad verkraften.

S. 154 und 155: Die Ästhetik großer Schiffe fasziniert nicht nur deren Gäste. Wer schwimmende Hotels entwirft, braucht ein besonderes Gespür für künftige Trends. Wovon sich die Architekten inspirieren lassen, bleibt manchmal das große Geheimnis. Dementsprechend bieten einige Kreuzfahrtschiffe einen ungewöhnlichen Anblick. Fotografen und Fotokünstler lieben die plakativen Details und abstrakten Linien.

Die Multi-Tasking-Frau

Auf der Majesty of the Seas hören alle auf das Kommando von Karin Stahre Janson. Die Schwedin gehört zu den wenigen Kapitäninnen auf den Weltmeeren.

Es war Sommer und sie war 19... So beginnen viele Liebesgeschichten, auch die von Karin Stahre Janson. Doch das Objekt der Begierde war kein gut aussehender Jüngling, sondern ein alter Kahn – genauer gesagt: ein Öltanker, auf dem die Schwedin in den Ferien als Matrosin angeheuert hatte. Nach sechs Wochen Deck schrubben, Rost abkratzen und Maschinen ölen stand für die patente junge Frau fest: Ich will zur See fahren und Karriere machen.

Eine Frau, ein Wille, ein Weg: Heute ist Karin Stahre Janson Kapitänin des 2500-Passagiere-Kreuzfahrtschiffs Serenade of the

Seas. Zuvor hatte sie das Kommando auf der Monarch of the Seas, beide Schiffe der Royal Caribbean Reederei. Damit ist sie eine der wenigen Frauen in der Seefahrt weltweit, die auf der Brücke das oberste Kommando haben. Im Vergleich zu ihrer langjährigen Tätigkeit auf Frachtschiffen weiß die Schwedin die Vorteile eines Kreuzfahrtschiffs sehr wohl zu schätzen. »Auf einem Frachtschiff sind vielleicht 15 bis 20 Crewmembers beschäftigt, auf einem großen Passagierschiff dagegen 800 und mehr. Sie kommen aus unzähligen Nationen, aus den unterschiedlichsten Kulturkreisen, sie sprechen viele Sprachen«, so Karin Stahre Janson. »Dazu kommt der Kontakt zu den Passagieren. Ich finde den geselligen Teil meines Jobs sehr inspirierend.«

Die Reaktionen von Seeleuten und Passagieren auf Captain Karin sind positiv bis überschwänglich. Der Tenor unter den Kollegen lautet: Höchste Zeit, dass einmal eine Frau das Kommando übernimmt. Doch die

Zeit dafür musste erst reifen. Früher war es weniger ein emanzipatorisches als ein muskuläres Problem, das Frauen vom höchsten Amt auf einem Schiff abhielt: Denn die Schifffahrt war mit ungleich mehr körperlicher Schwerstarbeit verbunden und allein aus diesem Grund stark männerdominiert. Die Passagiere sind durch die Bank davon angetan, ihr Wohlergehen an Bord in den zarten Händen einer starken Frau zu wissen. Der Zuspruch bei den Begrüßungsabenden ist jedenfalls immer überwältigend, da könnte so mancher Kapitän vor Neid erblassen. Kürzlich hat eine ältere Dame Captain Karin in die Wange gekniffen und ihr versichert, wie glücklich sie darüber sei, so etwas erleben zu dürfem.

Die Stärken einer Frau – Multi-Tasking, schneller Überblick der Gesamtlage und das Mehr an Mitgefühl – sind auch auf der Brücke eines riesigen Passagierschiffs überaus wertvoll. Stieß sie als Frau in der rauen Seefahrer-Männerwelt jemals auf Widerstand oder Kritik? »Zu 99 Prozent meiner beruflichen Laufbahn wurde ich behandelt wie die Jungs«, meint sie. »Ich erinnere mich an einen mürrischen alten Seemann, der mir sagte, dieser Job sei nichts für ein Mädchen. Ich solle nach Hause gehen, heiraten und Kinder bekommen. Das ging zum einen Ohre rein, zum anderen wieder raus.«

Von der Deck-Schrubberin zur Kapitänin: Für die Schwedin Karin Stahre Janson ist ein Karrieretraum wahr geworden.

Saubere Sache

Geringerer Treibstoffverbrauch, abgasarme Motoren – die Kreuzfahrtschiffe schwimmen auf grünem Kurs.

Bei keinem Schiffstyp sind die Umweltstandards so hoch wie bei Kreuzfahrtschiffen. Abwässer werden aufbereitet und Müll wird getrennt. Energiesparmaßnahmen, effizientere Motoren und bessere Treibstoffe sorgen dafür, dass die Abgase immer sauberer werden. Nachhaltigkeit ist wichtiger denn je und die Fortschritte sind beeindruckend.

Seit 2015 werden vor allem die gesundheitsschädlichen Schwefeloxide deutlich reduziert. Das derzeit auf hoher See verbrauchte Schweröl enthält bis zu 3,5 Prozent Schwefel, bis 2020 sollen es nur noch 0,5 Prozent sein. In Häfen gilt ein Schwefel-Grenzwert von 0,1 Prozent, der seit 2015 auch für die gesamte Nord- und Ostsee vorgeschrieben ist.

Faktisch fahren Kreuzfahrtschiffe hier mit schadstoffärmerem, aber auch deutlich teurerem Marine Diesel Oil.

Umweltschutz ist bei Schiffen eine langfristige Zielsetzung, die seit vielen Jahren sukzessive verwirklicht wird. AIDA weist darauf hin, dass der Treibstoffverbrauch in den letzten fünf Jahren um 18,1 Prozent reduziert wurde. Und die neueren Schiffe der Solstice Class von Celebrity Cruises sollen rund 30 Prozent energieeffizienter sein als vergleichbare Schiffe.

Erreicht werden solche Einsparungen zum Beispiel durch den Einsatz von Solartechnik, die Isolierung der Fenster, energiesparende LED-Lampen, eine Spezialbeschichtung des Rumpfs, durch Optimierungen der Schiffsschrauben, Wärmeenergie-Rückgewinnung, kürzere Fahrtstrecken und reduzierte Geschwindigkeiten. Für die Schiffe der Zukunft werden stets neue Technologien entwickelt: Abgasreinigungssysteme reduzieren den Schwefelanteil im Abgas von Schweröl um bis zu 99 Prozent und filtern 30 bis 60 Prozent des Feinstaubs heraus. Katalysatoren entfernen große Teile der Stickoxide aus Marinedieselabgasen. Viele Reedereien würden es begrüßen, wenn ihre Schiffe die Generatoren am Kai abschalten könnten. Aber leider bietet kaum ein Hafen Landstrom an.

Müll wird getrennt, Abwässer werden aufbereitet – die Umweltstandards sind schon heute sehr hoch.

Frischer Wind auf hoher See

Luxus, Langeweile, Leberschaden – Kreuzfahrtreisen sind mit einem Bündel scheinbar unausrottbarer Vorurteile belastet. Höchste Zeit, damit aufzuräumen.

»Kreuzfahrten sind was für Rentner«

Die Schiffe mit überwiegendem Senioren-Publikum sind längst in der Minderzahl. Je moderner und größer das Schiff, desto jünger sind die Reisenden. In Ferienzeiten und auf kürzeren Routen sind mehr jüngere Menschen und Familien an Bord als auf langen Strecken in der Nebensaison.

»Auf Kreuzfahrtschiffen geht es furchtbar steif zu«

Auf zahlreichen Kreuzfahrtschiffen aller Preisklassen herrscht heutzutage eine sehr legere Atmosphäre. Schiffe mit sehr formeller Etikette kann man durchaus meiden.

»Je größer ein Schiff, desto schlimmer die Massenaufläufe«

Gerade die neuen Megaschiffe wie die Harmony of the Seas oder die Norwegian Es-cape bieten eine enorme Vielfalt, die sich auf mehrere Schiffsbereiche verteilt. Die Passagiere konzentrieren sich nie an einem Ort, Schlangestehen ist ein Fremdwort.

»Auf den großen Schiffen merkt man nicht mehr, dass man auf See ist«

Die Größe des Schiffs hat damit wenig zu tun. Vielmehr ist die Schiffsarchitektur entscheidend, wie viel Nähe und Gefühl der Passagier zum Meer gewinnt.

»Eine Kreuzfahrt ist nur was für Reiche«

Wie bei jeder Art des Reisens gibt es auch bei Kreuzfahrten die Luxus-Varianten, für die man pro Person 6000 Euro und mehr hinlegt. Die meisten Angebote bewegen sich aber auf einem attraktiven Preisniveau, weil bei einer Kreuzfahrt Vollpension und Unterhaltungsprogramm stets inbegriffen sind.

»Auf einer Kreuzfahrt wird man durch die Nebenkosten abgezockt«

Aus schwer erklärlichen Gründen erwarten manche Passagiere, dass auf einem Schiff alles inklusive ist. Doch auch bei jedem Urlaub an Land fallen Nebenkosten an, die als ganz normal betrachtet werden: Ausflüge, Trinkgelder, Getränke.

»Die Schiffe liegen viel zu kurze Zeit im Hafen«

Eine Kreuzfahrt ist vergleichbar mit einer Rundreise an Land: Zum intensiven Erleben einer bestimmten Destination, ihren Menschen und Kulturen wäre ein zweiwöchiger Landurlaub besser geeignet. Der Reiz einer Kreuzfahrt liegt gerade darin, dass man auf einer Reise mehrere Ziele kennenlernt, kombiniert mit dem Komfort, nicht ständig den Koffer ein- und auszupacken.

Tanzen, nicht turteln

Bei Damenüberschuss an Bord ist der Gentlemen Host mit Charme und Cha-Cha-Cha zur Stelle.

Sie sind gepflegt und gut gekleidet, beherrschen Walzer und Rumba, schenken aufmerksam Wein nach und tragen bei der Shoppingtour die Einkaufstaschen, stellen Kontakte zu Mitpassagieren her, sind kultiviert und brillieren als spritzige Unterhalter. Die gute Nachricht: Solche Prachtexemplare gibt es wirklich. Die schlechte: Diese Männer scheiden als potenzielle Liebhaber, Lebensabschnittsgefährten oder Ehepartner aus. Als Gentlemen Hosts – zu Deutsch: Eintänzer – haben sie an Bord die Aufgabe, allein reisende Damen nach allen Regeln der Kavalierskunst zu unterhalten, zu verwöhnen und zu bespaßen. Vor der Kabinentür ist allerdings Schluss. Intime Kontakte zu den Passagieren sind den Charmebolzen streng untersagt und führen zur fristlosen Kündigung.

Viele Reedereien beschäftigen einen oder mehrere Gentlemen Hosts auf ihren Luxusschiffen, darunter so prominente Ozeanriesen wie die Queen Mary 2, die Queen Elizabeth 2 oder die Queen Victoria der Cunard Reederei. Auch auf der Deutschland, dem ehemaligen »Traumschiff« der Reederei Deilmann reisen mehrere distinguierte Herren mit, die sich um die gute Laune und das richtige Rhythmusgefühl der Damen kümmerten. Gentlemen Hosts sind keine getarnten Passagiere, sondern werden zu Beginn der Kreuzfahrt, meist beim Singletreff, in ihrer Funktion vom Cruise Director vorgestellt.

Wer auf einem Kreuzfahrtschiff Eintänzer werden will, muss ein regelrechtes Casting über sich ergehen lassen. In der Regel sind es pensionierte Herren aus angesehenen Berufen, die für den Job des Gentlemen Host infrage kommen. Der Andrang der Kandidaten ist groß, die Auflagen sind aber streng: Sie müssen nachweislich ledig sein, dürfen nicht rauchen und nur maßvoll trinken. Nicht nur sexuelle Kontakte sind untersagt. Auch die Wahl der Tanzpartnerinnen darf keine persönlichen Vorlieben erkennen lassen. Vielmehr muss der Eintänzer seine Gunst auf möglichst viele Lonely Hearts verteilen. Gute Manieren und stets tadelloses Verhalten werden sowieso vorausgesetzt. Die Vergütung rangiert zwischen null und bescheiden. Jedoch sind An- und Abreise, Kost und Logis sowie Reinigung der Wäsche frei. Wo aber bleibt die Gleichberechtigung? Wo ist die attraktive Lady Host? Leider Fehlanzeige. Doch den stets in Unterzahl reisenden männlichen Passagieren sei versichert: Die

bei den Gentlemen Hosts abgeblitzten oder mit ungenügend Aufmerksamkeit bedachten Damen suchen bestimmt Trost.

Darf ich bitten? Gentlemen Hosts sorgen bei allein reisenden Damen für Schwung und gute Laune.

Premiere: Taufpatin der Allure of the Seas war erstmals eine Animationsfigur, Fiona aus den Shrek-Filmen.

Männer meist unerwünscht

Schiffstaufen sind heute gesellschaftliche Großereignisse, für die Reeder gerne tief in die Tasche greifen – und wo auch mal Plattdeutsch gesprochen wird.

U nd ich taufe dich auf den Namen ...« Taufzeremonien von Passagierschiffen werden nicht nur in der Vita des schwimmenden Täuflings vermerkt, sondern sind auch Thema in der People-Presse und in den Boulevard-Fernsehsendungen. Die Formel: je prominenter die Taufpatin und je hochkarätiger die Taufgesellschaft, desto größer das Publicity-Echo. Weshalb die Reedereien gerne Topmodels, Popstars oder Schauspielerinnen für den Job anheuern. Dass es sich hierbei um Frauen handelt, ist sehr wichtig, da ein Mann dem Aberglauben nach als Taufpate Unglück bringen würde. Einmal durfte ein deutscher Kaiser, Wilhelm II., ein Schiff auf den Namen »Imperator« taufen; später wurde dem Bun-

despräsidenten Richard von Weizsäcker diese Ehre zuteil, der bei der Deutschland als Taufpate vermerkt war.

Auch Mitglieder der Königshäuser lassen sich gerne als Patinnen einspannen. So adelte Königin Elizabeth II. die Taufe der Queen Mary 2 durch ihren tatkräftigen Beistand, während die niederländische Prinzessin Maxima das Holland America Schiff Nieuw Amsterdam taufte. Bei der Feier von Mein Schiff 1 durfte Kabarettistin Ina Müller ran, die den Taufspruch auf Plattdeutsch sagte: »...un jümmers een Handbreed Woter ünnern Kiel. Ik dööp di up denn Nomen Mein Schiff.« Ein Novum gab's bei der Allure of the Seas, die von Ani-

mationsfigur Fiona aus dem Film »Shrek« getauft wurde – naheliegend, denn auf dem zweitgrößten Kreuzfahrtschiff der Welt sind die »Dreamworks«-Figuren allgegenwärtig. Sophia Loren tauft seit Jahren die Schiffe der MSC Reederei (siehe auch S. 109). Ein Neuzugang trägt sogar den Beinamen der »göttlichen« italienischen Filmdiva: Divina.

Schiffstaufen haben eine lange Tradition. Auf einem Holzschnitt, der 1486 in Mainz gedruckt wurde, heißt es: » ... dann wird gleich ohn Verzug die Tauffe vorgenommen, damit dies schnelle Schiff im Meere glücklich sey«. Auch die Schiffe der englischen und spanischen Armada wurden dem Ritual unterzogen, um die Götter milde zu stimmen. Bei den alten Griechen und Römern waren Schiffstaufen meist mit Menschen- oder Tieropfern verbunden. In Island ließen die Wikingerhäuptlinge bisweilen gar Menschen zwischen den Stapellaufbalken und den Großbooten zerquetschen. Heutzutage muss lediglich eine von zarter Frauenhand in Bewegung gebrachte Champagnerflasche dran glauben.

Schiffstaufen geraten nicht selten zu promi-lastigen Mega-Events, die Tausende Zuschauer anlocken.

Endstation Ehehafen

Heiraten auf hoher See: klingt traumhaft, doch es gilt hohe bürokratische Hürden zu umschiffen.

Auch auf den Weltmeeren bleibt heiratswilligen Paaren der lästige Papierkram nicht erspart.

Gibt es etwas Romantischeres, als auf hoher See zu heiraten, mit dem Kapitän als Standesbeamten, und dann den Brautstrauß bei Sonnenuntergang ins Kielwasser zu werfen? In Wirklichkeit ist es nicht einfach, auf einem Kreuzfahrtschiff rechtskräftig zu heiraten. Entgegen der landläufigen Meinung darf ein Kapitän keine Trauungen durchführen – von Ausnahmen abgesehen. Natürlich kann sich ein Paar vor dem Kapitän jederzeit das Ja-Wort geben – nur juristisch hat das keine Wirkung, der Weg zum Standesamt bleibt

unverzichtbar. Eine Hochzeit, bei der das Paar rechtskräftig verheiratet wird, ist nur auf Kreuzfahrtschiffen möglich, die unter der Flagge von Malta, der Bahamas und der Bermudas fahren. Die Eheschließung dort wird von den deutschen Behörden anerkannt, wenn man den nötigen Papierkram erledigt oder vom Hochzeitsplaner der Reederei erledigen lässt.

Unter maltesischer Flagge heiraten Passagiere bei TUI Cruises, Celebrity Cruises und Azamara Club Cruise, die Flagge der Bermudas

weht bei Princess Cruises, Cunard Line und P&O Cruises, die der Bahamas bei von Norwegian Cruise Line und Royal Caribbean. Paare, die standesamtlich bereits verheiratet sind, können auf einem Kreuzfahrtschiff kirchlich heiraten, wenn die Formalitäten mit der Kirche geklärt sind und bei Katholiken der Pfarrer der Heimatgemeinde zustimmt.

Sehr beliebt und spontan möglich ist die Erneuerung des Eheversprechens auf Schiffen, etwa zu einem besonderen Hochzeitstag.

Nebenkosten mit Beigeschmack

Mit dem Thema Nebenkosten und Trinkgelder sollte man sich schon vor der Reise befassen, um an Bord keine unliebsamen Überraschungen zu erleben – es sei denn, man wählt ein Schiff mit »all inclusive«-Konzept.

Essen und Trinken

Je nach Reederei sind Getränke separat zu bezahlen, teils sind Getränke zu den Mahlzeiten inklusive. Wo Getränke extra kosten, muss man für eine Cola mit 2 bis 3 Euro rechnen, ein Bier kostet zwischen 3 und 5 Euro, ein Glas Wein mindestens 4 Euro. Fast immer werden zusätzlich 15 Prozent Servicegebühr aufgeschlagen. Das Essen im Hauptrestaurant sowie am Büfett ist im Reisepreis inklusive, für besondere Restaurants vom brasilianischen Steakhaus über den Edelitaliener bis zur Sushi-Bar werden meistens Aufpreise verlangt, die zwischen 5 und 35 Euro liegen, bei besonders exquisiten Restaurants auch mal deutlich mehr.

Trinkgelder

An Trinkgeldern fallen je nach Reederei zwischen 5 und 10 Euro pro Tag und Person an, die sich auf Kabinensteward und Restaurant-Personal verteilen. Manche Reedereien erheben Trinkgelder verpflichtend, andere stellen es dem Passagier frei oder geben eine ausdrückliche Empfehlung über die Trinkgeldhöhe, und auf manchen Schiffen sind Trinkgelder auch schon im Reisepreis enthalten. Fast immer gibt es die Möglichkeit, das als verbindlich geltende Basis-Trinkgeld direkt vom Bordkonto abbuchen zu lassen. Trinkgel-

der an der Bar, im Spa und auf Landausflügen kommen separat hinzu.

Internet und Telefon

Internet-Nutzer müssen sich auf Frustschube einstellen. Die Satelliten-Verbindung ist mit – je nach Reederei – 8 bis 90 Euro-Cent pro Minute meist nicht nur teuer, sondern auch langsam. Sehr teuer ist auch das Telefonieren auf hoher See, da alle Gespräche zwangsläufig über Satelliten-Verbindungen laufen.

Sport und Wellness

Richtig ins Geld gehen die Angebote im Spa. Ist die Saunabenutzung nicht – wie auf einigen Schiffen – inklusive, schlägt selbst das gleich mal mit 25 Euro zu Buche, eine 60-Minuten-Massage ist selten unter 80 Euro zu bekommen, plus Trinkgeld. Die Benutzung der Geräte im Fitnessstudio – oft mit grandiosem Ausblick aufs Meer – ist dagegen gratis.

Landausflüge

Bei Landausflügen hat der Passagier die Wahl: Landgang auf eigene Faust oder Ausflug bei der Reederei buchen. Letzteres ist vor allem bequem, hat aber auch seinen Preis: Zwischen 25 und 300 Euro muss man je nach Dauer und Exklusivität des Ausflugs einplanen.

Hier ein Gläschen, da eine Massage, dort ein Ausflug – die Nebenkosten einer Kreuzfahrt können ins Geld gehen.

Das große Schiff-Schaukeln

Die Angst vor Seekrankheit verdirbt vielen Menschen die Lust auf eine Kreuzfahrt. Dabei genügen oft einfache Maßnahmen, um der Übelkeit beizukommen oder sie zu vermeiden.

Ruhig Blut: Auf den meisten Kreuzfahrtschiffen gleichen Stabilisatoren auch hohen Wellengang aus.

Ein Trost vorab: Selbst erfahrene Seebären sind vor Seekrankheit nicht sicher. Vielen Menschen macht ein wenig Seegang gar nichts aus, und die meisten Kreuzfahrten verlaufen ohnehin ruhig – wenn sie nicht gerade über den stürmischen Atlantik führen. Manche Menschen reagieren empfindlich auf kleine, kurze Bewegungen, andere eher auf lange Rollbewegungen. Wer sichergehen will, bucht eine Kabine mittschiffs auf einem unteren Deck – dort schwankt es am wenigsten. Innenkabinen sollte man nach Möglichkeit meiden, denn auch der stabilisierende Blick zum Horizont kann helfen.

Zur Vorbeugung reichen die Ratschläge von leichtem Essen und Alkoholverzicht über Ingwer, Akupunktur, Akupressur-Armbänder und Homöopathie bis zu Antihistamin-Präparaten, die auch bei akuter Seekrankheit helfen.

Der beste Ratgeber aber ist wahrscheinlich der Hausarzt, der das geeignetste Medikament verschreiben wird. Auch auf dem Schiff sind Tabletten gegen Seekrankheit erhältlich – doch sind das meist verschreibungspflichtige Antihistaminika, die man wegen möglicher schwerer Nebenwirkungen ohne ärztlichen Rat nicht einnehmen sollte. Ein Trost zum Schluss: Die Seekrankheit verschwindet meist so schnell, wie sie gekommen ist.

Seefahrer-Denglisch

Von Backbord bis Zahlmeister: Mit diesen Vokabeln finden sich Kreuzfahrt-Einsteiger an Bord gleich besser zurecht.

Backbord ... ist links und wird durch eine rote Positionslampe kenntlich gemacht.

Begrüßungscocktail ... gibt's am ersten Abend nach dem Einschiffen – und bleibt meist der einzige Gratis-Cocktail an Bord.

Bordfotograf/in ... ist omnipräsent, schiebt ständig wildfremde Menschen zu Grüppchen zusammen und knipst. Einen halben Tag später hängen die Schnappschüsse im Format 13 x 18 zum Verkauf aus. Es soll Passagiere geben, die selbst die schlechtesten Fotos umgehend aufkaufen, damit kein kompromittierendes Material in falsche Hände gerät.

Brücke ... ist nicht zwangsläufig auf dem obersten Deck, aber weit oben und mit freiem Blick nach vorne und Ausguck-artigen Balkonen an beiden Seiten. Von hier aus wird das Schiff gesteuert. Kapitäne kleinerer Schiffe – und da vor allem der Expeditions-kreuzer – dulden Passagiere in ihrem

Reich. Bei den großen ist der Kommando-stand tabu.

BRZ ... ist die Abkürzung für das sachliche Wort »Bruttoraumzahl« und als Hohlraum-Größenmaß die Nachfolge-Einheit für die zuvor verwendete, für viele geläufigere Brut-toregistertonne (BRT).

Casino ... ist der Lieblingssaal eines jeden Reeders, weil er mit seinen schwimmenden Spielbanken die größten Gewinne einfährt.

Cruise Director ... ist der Mann mit der be-rufsmäßig besten Laune an Bord und manch-mal eine ultra-heitere Nervensäge. Er ist für das gesamte Unterhaltungsprogramm verant-wortlich und steht als Moderator der Abend-shows gerne selbst auf der Bühne.

Dresscode ... ist die täglich wechselnde Be-kleidungsvorschrift und reicht von casu-al (Freizeit) über smart casual (bisschen

Bitte lächeln: Die Bordfotogra-fin sorgt dafür, dass die Reise lückenlos dokumentiert wird.

eleganter) und informal (elegant) bis formal (Abendgarderobe, möglichst Smoking beim Herrn, Klunker bei der Dame).

Gemüseschnitzer ... bekommt man nie zu sehen, leben aber auch irgendwo an Bord und stammen meist von den Philippinen: Sie basteln lebensgroße Schwäne aus Karotten, Skulpturen aus Kohl, Deko-Tiere aus Eis, mit denen die Büfetts geschmückt werden.

Kabine ... ist das private Reich an Bord, ist auf den meisten (neueren) Schiffen recht geräumig und hat gegen Aufpreis sogar einen Balkon. Luxus-Varianten sind Suiten, die es auf manchem Ozeanriesen auch in Maisonette-Ausführung gibt. Am preiswertesten sind Innenkabinen.

Kapitänstisch ... ist die Tafel des wichtigsten Mannes an Bord, an die er abendweise wechselnde Ehrengäste einlädt. Viele Kapitäne laufen lieber auf Grund, als dort über eine zu lange Mahlzeit hinweg Smalltalk mit Wildfremden zu betreiben, und schicken ersatzweise ihre Offiziere als Gastgeber vor.

Knoten ... ist die Geschwindigkeitseinheit für Hochseeschiffe. Sie sind meist zwischen 18 und 25 Knoten schnell = 33 bis 46 Stundenkilometer (1 Kn = 1852 m/Stunde).

Kombüse ... war mal der Begriff für die Schiffsküche und wäre heute eine maßlose Untertreibung. Küchen und Lagerräume der heutigen Ozeanriesen sind viele Hundert

Shuffle-Board ist ein Schiffsklassiker, für den sich gestern wie heute nur eine Minderheit interessiert.

Quadratmeter große Fluchten voller hochglanzpolierter Edelstahl-Arbeitsflächen und Herde, wo Dutzende von Köchen und Hilfskräften wirbeln.

Liegestuhl ... ist bequem, steht an Deck, darf grundsätzlich nicht mit privatem Klimperkram und Stapeln von getragenen Klamotten bei Einbruch der Morgendämmerung vorreserviert werden.

Lotse ... ist der Mann, der dem Kapitän durch schwierige Fahrtgebiete hilft, dort jede hinderliche Sandbank persönlich kennt und sich mit störenden Riffs duzt. Ist er auf der Brücke, kann nichts schiefgehen. Eigentlich. Ist er nicht da, geht auch nichts schief. Meistens.

Mitternachtsbüfett ... ist für alle gedacht, die arg früh frühstücken oder vom siebengängigen Abendessen dreieinhalb Stunden zuvor noch immer nicht satt geworden sind oder allein deshalb schon wieder kräftig zugreifen, weil sie schließlich dafür mitbezahlt haben.

Neptun opfern ... ist nicht wirklich eine nette Geste gegenüber dem Meeresgott. Vielmehr beschreibt es in der Seemannssprache, was geschieht, wenn die Seekrankheit zupackt und der Körper das Abendessen wieder von Bord gehen lassen möchte. Zumindest die Fische freuen sich darüber.

Rettungsübung ... ist Pflicht, dauert keine 20 Minuten und findet immer kurz nach dem ersten Auslaufen statt. Dabei wird jedem Passagier eine Rettungsstation zuge-

Aus den einstigen Smutjes sind Küchenmanager mit Sterne-Potenzial geworden.

wiesen, die er im Notfall umgehend aufsuchen muss.

Seekrankheit ... kann eine kurzweilige Sache sein, wenn man sich rechtzeitig die kostenlosen kleinen Wunderpillchen an der Rezeption besorgt hat.

Seetag ... ist das schönste auf einer Kreuzfahrt, weil man endlich mal kein schlechtes Gewissen haben muss, einen spannenden Landausflug zu verpassen. Ausschlafen, übers Schiff bummeln, die Sonne im Whirlpool genießen – oder im Bordkino James Bond beim Weltretten zuschauen.

Show-Lounge ... ist das Theater an Bord, wo jeden Abend Konzerte und Revuen stattfinden, Stars auftreten und rauschender Applaus sowie tosendes Gelächter unbedingt erwünscht sind.

Shuffle Board ... ist das auf die Decksplanken gepinselte Spiel mit den weißen Feldern, auf denen man irgendwelche Pucks hin- und herschiebt – wenn sich nur einer dafür interessieren würde.

Smutje ... war früher die Seemannsbezeichnung für den Koch. Heute ist der oberste Koch an Bord eher ein Großküchenmanager mit Michelin-Sterne-Potenzial, der viele Dut-

zend Mitarbeiter aus unzähligen Nationen dirigieren muss.

Stabilisator ... ist die Lieblingserfindung der meisten Passagiere. Er hält das Schiff auch bei Seegang einigermaßen im Gleichgewicht.

Staff Captain ... ist der zweite Mann an Bord, der sich um alles Nautische und um die Managementaufgaben kümmert, wenn der Kapitän wieder mal in Gala-Uniform Hände schütteln oder am Captain's Table Smalltalk betreiben muss.

Steuerbord ... ist rechts und durch eine grüne Positionslampe kenntlich gemacht.

Zahlmeister ... ist der Mensch, der das Geld verwaltet, die Extra-Ausgaben an Bord am Ende der Reise mit der Kreditkarte belastet, oft auch die Landausflüge organisiert – und dafür kassiert.

Kapitel und Schiffe	behinderten-gerecht	kinder-freundlich	All-inclusive[1]	Wellness-Faktor	Sport & Fun[2]	Passagier-zahl	Luxus-Faktor	Tagespreis
Natur und Abenteuer								
Amadea	•	•		•		👤	***	€€
Aranui 3			•			👤	*	€
Celebrity Xpedition	•		•			👤	***	€€€
Finnmarken			•			👤👤	**	€€
Frachter			•			👤	*	€
Fram	•		•			👤👤	**	€€€
Gület			•			👤	*	€
Sampo			•			👤	*	€€
Sea Bird			•			👤	***	€€€
Zaandam	•	•	•	•	•	👤👤	***	€€
Ruhig im Fluss								
Amadeus Symphony	•					👤	***	€€
American Queen	•					👤	***	€€€
A-Rosa Viva	•	•				👤	***	€€
Douro Cruiser	•					👤	***	€€
Maxima	•					👤	***	€€
Mekong Sun						👤	***	€€€
Nile Smart	•					👤	**	€€
Normandie	•					👤	***	€€
Schöner geht's nicht								
Azamara Quest			•	•		👤👤	****	€€€
Crystal Serenity			•	•	•	👤👤	****	€€€
Europa		•		•	•	👤👤	****	€€€
Hebridean Princess			•			👤👤	****	€€€
L'Austral	•			•		👤👤	****	€€€
Le Ponant			•			👤	****	€€€
Paul Gauguin			•	•		👤	****	€€€

Kapitel und Schiffe	behinder-tengerecht	kinder-freundlich	All-inclusive¹	Wellness-Faktor	Sport & Fun²	Passagier-zahl	Luxus-Faktor	Tagespreis
Seabourn Quest			•	•		🧍🧍	****	€€€
Sea Cloud			•			🧍	****	€€€
SeaDream			•	•		🧍	****	€€€
Seven Seas Mariner	•		•	•		🧍🧍	****	€€€
Silversea	•		•	•		🧍🧍	****	€€€
Glamour zu Wasser								
Allure of the Seas	•	•		•	•	🧍🧍🧍	***	€€
Carnival Magic	•	•		•	•	🧍🧍🧍	***	€€
Celebrity Silhouette	•	•		•	•	🧍🧍🧍	****	€€
MSC Divina	•	•		•	•	🧍🧍🧍	***	€€
Norwegian Epic	•	•		•	•	🧍🧍🧍	***	€€
Queen Mary 2	•	•		•	•	🧍🧍🧍	****	€€
Royal Clipper	•			•		🧍	****	€€€
Ruby Princess	•	•		•	•	🧍🧍🧍	****	€€
Wind Surf	•					🧍🧍	****	€€€
Schiffsträume, Traumschiffe								
AIDAsol	•	•	•	•	•	🧍🧍🧍	***	€€
Disney Fantasy	•	•		•	•	🧍🧍🧍	***	€€
Europa	•	•		•	•	🧍🧍	****	€€€
Hanseatic	•	•		•	•	🧍	***	€€€
Linda						🧍	*	€€
Liberty of the Seas	•	•		•	•	🧍🧍🧍	***	€€
Mein Schiff 1	•	•	•	•	•	🧍🧍🧍	***	€€
MSC Opera	•	•		•	•	🧍🧍🧍	***	€€
Queen Elizabeth	•	•		•	•	🧍🧍🧍	***	€€

¹ Vollpension, Tischwein, die meisten Softdrinks und Bargetränke, Trinkgelder ² besonders umfangreiches Sport- und Unterhaltungsangebot, z.B. Kletterwand
€ = unter 100 Euro,   €€ = bis 250 Euro,   €€€ = über 250 Euro,   🧍 = unter 250 Passagiere,   🧍🧍 = bis 1500 Passagiere,   🧍🧍🧍 = über 1500 Passagiere

Adressen von A–Z

1AVista Reisen
Tel. 0221 / 99800800
www.1avista.de

AIDA Cruises
Tel. 0381 / 20270722
www.aida.de

American Queen Steamboat Company c/o AAR-Reisen
Tel. 05404 / 96080, http://aar-reisen.de, www.americanqueensteamboatcompany.com

A-Rosa Kreuzfahrten
Tel. 0381 / 2026020
www.a-rosa.de

Aviation & Tourism
Tel. 06023 / 9171 50
www.atiworld.de

Azamara Club Cruises
Tel. 0800 / 7240347
www.azamaraclubcruises.de

Carnival Cruise Line
Tel. 089 / 51703130
www.carnivalcruiseline.de

Celebrity Cruises
Tel. 0800 / 7240346
www.celebritycruises.de

Compagnie du Ponant
Tel. 0800 / 1800059
www.ponant.com

Crystal Cruises
s. a. Aviation & Tourism und Vista Travel

Cunard Line
Tel. 040 / 41533555
www.cunard.de

DERTOUR
Tel. 069 / 95881601
www.dertour.de

Disney Cruise Line
http://disneycruise.disney.go.com

Dr. W. Lüftner Reisen
Tel. 0043 / 512 / 365701
www.lueftner-cruises.com

e-hoi
Tel. 069 / 20456700, www.e-hoi.de

Fachreiseagentur für Seereisen Kapitän Hoffmann
Tel. 04503 / 73675
www.frachtschiff-reisen.net

Frachtschiff-Touristik Kapitän Zylmann
Tel. 04642 / 9655-0, www.zylmann.de

Frachtschiffreisen Pfeiffer
Tel. 0202 / 452379
www.frachtschiffreisen-pfeiffer.de

FTI Touristik
Tel. 089 / 25250, www.fti.de

Hamburg Süd Reiseagentur
Tel. 040 / 3705-157
www.hamburgsued-frachtschiffreisen.de

Hapag-Lloyd Kreuzfahrten
Tel. 040 / 30703070
www.hl-cruises.de

Hebridean Island Cruises
Tel. 0044 / 1756 / 704700
www.hebridean.co.uk

Holland America Line
Tel. 04244 / 966259
www.hollandamerica.com

Hurtigruten
Tel. 040 / 87408358
www.hurtigruten.de

Lernidee Erlebnisreisen
Tel. 030 / 7860000
www.lernidee.de

Maenner-unterwegs.de
Tel. 069 / 94948955
www.maenner-unterwegs.de

M'Ocean
Tel. 06733 / 929798, www.mocean.de

MSC Kreuzfahrten
Tel. 089 / 203043801
www.msc-kreuzfahrten.de

NCL Norwegian Cruise Line
Tel. 0611 / 36070, www.ncl.de

Nicko Cruises
Tel. 0711 / 24898044,
www.nicko-cruises.de

Nordic Holidays
Tel. 04121 / 79110,
www.nordic-holidays.de

Paul Gauguin Cruises
www.pgcruises.com

Peter Deilmann Reederei
Tel. 04561 / 396100
www.deilmann-kreuzfahrten.de

Phoenix Reisen
Tel. 0228 / 9260-0
www.phoenixreisen.com

Ponant Yacht Cruises & Expeditions
Tel. 040 / 80809 3143,
http://de.ponant.com

Princess Cruises
Tel. 089 / 51703450
www.princesscruises.de

Radurlaub ZeitReisen
Tel. 07531 / 361860
www.inselhuepfen.de

Regent Seven Seas Cruises
c/o Vista Travel, Tel. 040 / 30979840
http://de.rssc.com

Royal Caribbean International
Tel. 0800 / 7240345
www.royalcaribbean.de

Seabourn Cruise Line
Tel. 0800 / 18721872
http://de.seabourn.com

Sea Cloud Cruises
Tel. 040 / 30959250
www.seacloud.com

Silhouette Cruises
Tel. 00248 / 324026
www.seychelles-cruises.de

Silversea Cruises
Tel. 069 / 222212283
www.silversea.com

Star Clippers
Tel. 0800 / 78272547
www.star-clippers.de

Teddy Travel
Tel. 0221 / 234967
www.teddytravel.com

TUI Cruises
Tel. 040 / 600015111
www.tui-cruises.de

UC Unlimited Cruises
Tel. 06103 / 7064614
www.unlimited-cruises.com

Vista Travel
Tel. 040 / 30979840
www.vistatravel.de

Windstar Cruises
Tel. 04244 / 966259
www.windstarcruises.com

Register

»Eine Kreuzfahrt, die ist
lustig ...« und galt damals, noch
viel mehr als heute, als Höhepunkt
des gesellschaftlichen Lebens.

Die Autoren

+++

REINHARD BÜNGER

Als gebürtiger Bremer ist er nah am Wasser mit viel Fernweh aufgewachsen und auch die Themen »Schiff« und »Reisen« begleiteten ihn schon sein Leben lang: Sein Großvater war Überseespediteur und er selbst bricht bis heute immer wieder zu Reisen in die Ferne auf – als Journalist für politische Berichte und Reisereportagen. Bünger ist seit 1991 beim Tagesspiegel in Berlin tätig und arbeitet heute in der Redaktion »Sonderthemen«. Er berichtete zuletzt in der Kolumne »Reisetagebuch« im Tagesspiegel über Segelsetzen, Sternenkunde und die Seefahrt auf der »Sea Cloud«.

THOMAS HERNADI

Jahrgang 1963, zog es Thomas Hernadi nach dem Abitur von seinem Heimatort Nürnberg hinaus in die Welt. Einem Wirtschaftsstudium in Paris, Oxford und Berlin folgten erste Erfahrungen im Filmvertrieb in Frankreich und England. Bei einem halbjährigen Aufenthalt in Malaysia entstand sein erster Film – die lang ersehnte Eintrittskarte in die deutsche Filmindustrie. Hernadi wurde Produzent internationaler Koproduktionen, Regisseur und Lizenzhändler. Seit Mitte der Neunziger arbeitet er als Dramaturg, Roman- und Drehbuchautor für die Prime-Time-Unterhaltung des Deutschen Fernsehens, was ihm auch die Begegnung mit dem »Traumschiff« und Wolfgang Rademann ermöglichte.

BRIGITTE VON IMHOF

Die gebürtige Münchnerin war viele Jahre als Sport- und Reiseredakteurin u. a. bei den Zeitschriften Ski, Freundin und Abenteuer & Reisen tätig. Der Job brachte sie schon in frühen Jahren mit der damals als spießig geltenden Kreuzfahrt in Berührung. Von Anfang an gefielen ihr das maritime Flair und der Komfort, nur einmal aus- und einpacken zu müssen. Heute ist sie als freie Journalistin tätig und pendelt – seit ihrer Hochzeit vor einigen Jahren – zwischen München und der neuen Zweitheimat Alaska, die pro Jahr von rund einer Million Kreuzfahrt-Passagieren besucht wird.

ASTRID JÜRGENS

Jahrgang 1957, studierte Diplom-Politologie und Anglistik in Hamburg. Schon während

der Studienzeit entdeckte sie ihre Vorliebe für den Journalismus und arbeitet nach einem Redaktionsvolontariat bei verschiedenen Tageszeitungen. Mit dem Wechsel als Redakteurin zu Frauenzeitschriften Anfang der 90er-Jahre spezialisierte sie sich auf die Themen Wellness, Beauty, Gesundheit und Reise. Einer Karibik-Kreuzfahrt vor rund zehn Jahren folgten mittlerweile mehr als 20 Reisen dieser Art auf deutschen und internationalen Schiffen. Sie arbeitet heute als freie Redakteurin, u. a. für die Zeitschriften Für Sie, Vital, Freundin und Mayway.

PETER KUNZ

1962 geboren, ist seit 2003 Süd- und Südostasienkorrespondent des Zweiten Deutschen Fernsehens und leitet das ZDF-Auslandsstudio Singapur. Dort lebt er mit Frau und zwei Kindern. Mit seinem Kamerateam bereist er die Region von Pakistan bis Neuseeland, dreht Reportagen, Dokumentationen und berichtet aktuell für Nachrichtensendungen. Peter Kunz hat nach einem Zeitungsvolontariat und Politikstudium beim Fernsehen angeheuert und ist Berufsausländer aus Überzeugung geworden. Als Reporter für das ZDF bereiste er die halbe Welt und war von 1993 bis 1998 als Afrikakorrespondent in Nairobi, Kenya, stationiert.

OLIVER P. MUELLER

Oliver P. Mueller gehört zu den international bekannten Kreuzfahrtexperten. Der Journalist und Buchautor mit Heimathafen Hamburg verbringt jedes Jahr etwa 120 Tage auf See und hat auf sehr unterschiedlichen Schiffen die ganze Welt bereist. Abgelegene Ziele wie Galapagos und St. Helena faszinieren ihn ebenso wie die Begegnungen mit Menschen an Bord. Seine Reportagen und Schiffsbewertungen erscheinen in Tageszeitungen, Magazinen und dem alljährlich publizierten Standardwerk »Koehlers Guide Kreuzfahrt«.

STEFAN NINK

Stefan Nink ist für Magazine, Buchverlage und Radiostationen in den hintersten Winkeln der Welt unterwegs gewesen – nie zuvor aber hat ihn eine Region so tief und nachhaltig berührt wie die Antarktis. Nink ist studierter Politologe, moderiert eine Morgen-

sendung beim SWR und hat über 30 Bücher geschrieben; seine Reportagen wurden in 17 Sprachen übersetzt. Sein erster Roman heißt »Donnerstags im Fetten Hecht« und enthält mehrere Kapitel, die in der Antarktis spielen.

WOLFGANG SPIELHAGEN

Kam zum Journalismus, als er 1977 mit anderen die Berliner Stadtzeitung ZITTY gründete. Zuvor hatte er Germanistik, Philosophie und Religionswissenschaften studiert. Später war er als Reporter, Redakteur und Textchef für verschiedene Magazine wie LUI, Playboy, Penthouse, TransAtlantik, SZ-Magazin, Cosmopolitan, Globo und BUNTE tätig. 1996 übernahm er die Chefredaktion zweier Buchreihen im Pro Futura Verlag und bei der Olympischen Sport Bibliothek. Er konzipierte und betreute für beide Verlage mittlerweile 24 Bild-Text-Bände. Für GEO Buch war er bei elf Buchproduktionen als Textredakteur aktiv. Er schreibt auch immer wieder

Reportagen von Hawaii bis Kamtschatka, vom Nordpol bis nach Swasiland. Wolfgang Spielhagen lebt in München.

DAGMAR ZUREK

Geboren und aufgewachsen in Wuppertal, studierte Dagmar Zurek Musik- und Literaturwissenschaften. Seit 1996 arbeitet sie als Autorin für die Zeitschrift Vogue, für die sie Künstler der Klassikwelt interviewt, wie auch für die Frankfurter Allgemeine Sonntagszeitung, für Cicero und Musikmagazine. Seit der ersten Ausgabe im Jahr 2000 reist sie für die Financial Times Deutschland als Opernkritikerin durch die Welt. Die Erkenntnis, dass sich Musik und das Entdecken fremder Länder und Kulturen vor allem auf Kreuzfahrtschiffen gut verbinden lassen, führte zu zahlreichen Kreuzfahrt-Reportagen. Dagmar Zurek lebt mit ihrer Familie in Norddeutschland.

Weitere Textbeiträge:

Birgit Chlupacek: S. 144-155, Franziska Horn: S. 32-33, Brigitte von Imhof: S. 18, 19, 20-21, 30, 31, 51, 62, 63, 76, 88, 89, 90, 91, 104-105, 106, 107, 108, 109, 122, 123, 135, Oliver P. Mueller: S. 19, 50, 77, 107, 134, Robert Niedermeyer: S. 134, Christine von Pahlen: S. 38-39, 45, Wolfgang Spielhagen: S. 46-47, 138-143; Autoren Anhang S. 156-167: Brigitte von Imhof, Franz Neumeier, Helge Sobik

Impressum

Alle Angaben in diesem Reiseführer sind gewissenhaft geprüft. Preise, Öffnungszeiten usw. können sich aber schnell ändern. Für eventuelle Fehler übernimmt der Verlag keine Haftung.

Bei Interesse an maßgeschneiderten Produkten:
veronica.reisenegger@travel-house-media.de
Tel +49 89/ 4 50 00 99 12

Bei Interesse an Anzeigenschaltung:
KV Kommunalverlag GmbH & Co KG
Tel. +49 89/9 28 09 60
info@kommunal-verlag.de

TRAVEL HOUSE MEDIA
Postfach 86 03 66
81630 München
holiday@travel-house-media.de
www.travel-house-media.de

Programmgeschäftsleitung
Frank-H. Häger

Verlagsleitung
Michaela Lienemann

Idee/Konzept
Veronica Reisenegger, Birgit Chlupacek, Eva Stadler

Redaktion
Brigitte von Imhof (verantwortl.), Tibor Ridegh (Text)

Layout
Eva Stadler, München, Ewald Tange, München

Bildredaktion
Nora Goth, Kathrin Schäfer, Dr. Nafsika Mylona

Schlussredaktion
Dr. Anita Meschendörfer

Autoren
s. S. 174/175

Produkt- und Projektmanagement
Eva Stadler

Produktion
Anna Bäumner

Repro
Repro Ludwig, Zell am See

Druck und Bindung
Printer Trento, Italien

PEFC/18-31-506

Liebe Leserinnen und Leser,

hat Ihnen unser Buch gefallen? Falls ja, freuen wir uns, wenn Sie es weiterempfehlen – Ihren Freunden, Verwandten, Kollegen, Nachbarn, dem Buchhändler Ihres Vertrauens und allen, die auf der Suche nach einem Reisebuch-Tipp sind, z. B. bei Online-Händlern.

Wenn Sie Kritik oder Korrekturen haben, schreiben Sie uns gerne an holiday@travel-house-media.de – und natürlich auch, wenn Sie uns Ihr Lob auf direktem Weg zukommen lassen möchten.

Ihre HOLIDAY-Redaktion